Instructional Design

# 学習設計マニュアル

「おとな」になるためのインストラクショナルデザイン

鈴木克明・美馬のゆり 編著
Katsuaki Suzuki & Noyuri Mima

北大路書房

# はじめに
## 学び方を学ぶとは？

### 人は生涯学び続ける

　急速に社会が変化していく今日において，新しいことや未経験なことに直面する機会が増えてきています。学校で学んだことには，ずっと使えるものもあれば，陳腐化して使えなくなるものもあるでしょう。そのため，私たちは最新の知識や考え方を知り身につけることなど，知識やスキルの更新を頻繁に行っていかなければなりません。つまり，生涯学び続けることが必要なのです。

　一方で，そのような変化はなくても，人間は常に学び続けている存在です。人間は生まれながらにして学びの機能が備わっています。その学習能力や適応能力の高さはほかの動物とは比べものになりません。これまでの人生を振り返ってみれば，学校だけでなく，日常生活において様々な経験を通して学んできています。

　本書は，みなさんがこれまでにあたりまえに行ってきた「学び」について，一度立ち止まって振り返りながら，さらに捉え直す機会として，しっかりと向き合い，自分の学習を設計できるように支援するのが目的です。

### 学び方と向き合う姿勢

　みなさんは，自分の「学び方」ということに，どの程度真剣に向き合ってきましたか？

　学校で教育を受けるなかで，自分なりの経験を踏まえながら，ときにはできない自分にイライラしながら，自分なりの方法で身につけてきたことも多いと思います。振り返ってみると，学び方についてはあまり考えずに，進めてきたという人もいるでしょう。学校では残念ながら，知識を記憶することを重視して，学び方についてはあまり教えてもらえなかったかもしれません。受験でも

学び方が出題されるわけではありません。ですから，学び方をあまり考えてこなかったという人がいても不思議ではありません。

　一方で，これまでに膨大な時間をかけて学習してきて，さらにこれからも，長い時間，生涯をかけて，みなさんは学習していくことになります。これからも長い時間をかけていくわけですから，自分の学び方を今よりも，より効率よく効果的にできたらうれしいと思いませんか。かけている時間を考えれば，よりよくなる可能性があるのに学び方をきちんと考えないことはとてももったいないことだと思います。大学ではより高度なことを学ぶことになり，従来の学び方では通用しなくなるかもしれません。もっと学びの質に意識を向けてほしいと考えています。

## 自分の学びをデザインする

　本書の目的は，読者のみなさんが自分の学びをデザインできるようになることです。自分の学びをデザインするとはどのようなことでしょうか。これまでみなさんは，小学校，中学校，高校と，ずっと学んできました。学校以外でも，日常生活の中で，いろいろな場面で，いろいろなことを学んできています。たとえば，言葉を話す，缶詰を開ける，自転車に乗るなどです。

　しかし，それらを学ぶとき，どうやって学ぶか，自分がどのように学んでいるか，もっとよい学び方があるのではないか，自分の学び方の癖はあるか，自分に合った学び方はあるかなどを考えたことはありますか。よい学び方なんて，あるわけがないと思いますか。実はあります。学習心理学や認知心理学，教育学という専門分野では，長年研究が行われてきています。

　あの人は頭がよいけど，自分はたいしたことがないから，成績が違うのだと思っていませんか。もしかしたらそれは，よい学び方，自分に合った学び方，学ぶ対象に合った学び方に気づいているかいないかの差が，原因かもしれません。そこで本書では，様々な角度から学びについて考えていき，最終的に自分の学びをデザインできるように準備します。

　最初に，今までの自分の学びと向き合うことから始めましょう。そして，学びの場をつくる，学び方を工夫すると続きます。そして最後は，自分のこれからの学びを考えます。

## 学びのデザインに向けて：本書の構成

下の図は，本書の内容を図にしたものです。

第1部「**自分の学びと向き合う**」では，1.自分を取り巻く学習環境を知る，2.学習スタイルを把握する，3.学び方を振り返る，4.学びの深さを考える，5.学問分野の特色を把握する，という順で学びを整理していきます。

第2部「**学びの場をつくる**」では，共に学ぶために，6.学び合う下地をつくる，7.意見を出し合い整理する，8.仲間と力を合わせることを学びます。また，リソース（資源）を有効に使うために，9.時間を管理する，10.失敗に強くなることを考えます。興味を持ったテーマから学んでください。

第3部「**学び方を工夫する**」では，11.学習意欲を高める，12.理解を促す，13.出入口を明確にする，14.課題に合った学び方をする，15.実践に役立つ学びにする，という様々な角度から効率よく効果的に学ぶ方法を考えます。

最後に，第4部「**これからの学びを考える**」では，16.これからの学びを想像し，17.学習スタイルを拡張すること，18.自己調整学習者になることを目指して，19.アクションプランをつくることで，次の一歩へと踏み出します。

本書で紹介する内容は，人が学ぶとはどういうことかについての多くの研究

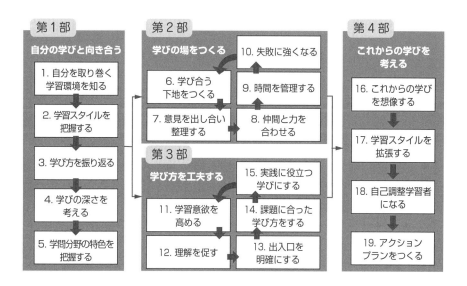

成果をもとにしています。みなさんだけでなく，これまでみなさんが出会ってきた先生たちも，そういった研究の成果についてあまり知らない人が多いかもしれません。本書でそれらを1つずつていねいに学び，先生たちに頼らずに，自分の学びをデザインできるようになってほしいと願っています。

## 教え方の工夫は学び方の工夫

　学校の先生や教える専門職につく人たちは，人の学びを理解して効果的な学びの環境を提供しようとします。そのために蓄積されてきた研究知見や方法論があります。これまで，そういった内容は，教える仕事を志す人たちの一部にしか教えられてきませんでした。しかし，先述したように，学びはみなさんの学業や日常生活，あるいは社会に出てからも生涯ついてまわるものです。自分自身が学ぶ者として，そして後輩や仲間に教えたり学び合ったりすることが多いみなさんにとっても，学ぶ価値が十分にあるノウハウです。

　本書のタイトル「学習設計マニュアル」は，これまで教える人向けに書いてきた「設計マニュアル」シリーズを，学ぶ人向けに用意したことを表しています。「マニュアル」という言葉が使われていますが，この本を読めば誰でも同じ学び方ができる，という意味ではありません。これまでの自分の学び方を振り返ったり，もっとよい学び方がないかを工夫したりする場合に，ぜひ参考にして欲しい考え方を紹介しています。「マニュアル」という言葉には，学び方に迷ったときに，いつでも戻ってくる場所にして欲しい，という願いが込められています。

　人に教えることは，自分の学びにつながるとよくいわれます。人に教えようとすると，より深く学ぶことができる，ということから，「教えることは学ぶことだ」ともいいます。教える立場にある人は，学び続けることができるのです。さらに，人の学びを支援できることは，裏を返せば，自分の学びを支援できることだとも考えられます。人にうまく教えられることは，教える対象を自分に置き換えれば，自分自身をうまく教えられることになります。すなわち，自分を教育する，自分のコーチに自分がなる，そのことで自分の学びを支援することもできるはずです。

　本書では，学びの考え方や工夫するためのヒントや理論を提示していきます。

はじめに | vii

|  学ぶ側の代表：佐藤さん<br>文系 大学1年生 女 |  教える側の代表：高橋君<br>理系 大学3年生 男 |
|---|---|
| 　理数系が苦手で，文系の大学に入学。まだ入学したてで不安もあるが，なんとか頑張っていきたいと考えている。大学にはストレートで入ることができたが，自分の学びについてはあまり深く考えたことがなく，受験勉強は量と暗記でカバーしてきた。<br>　勉強することはあまり好きではなく，どちらかというと運動系が得意である。大学でも早速，運動系のサークルに所属した。 | 　工業高校出身で，現在情報系大学の3年生。人に教えることが昔から好きで，大学の学習センターでチューターをやっている。ITを担当するグループに所属している。<br>　サークルには入っていないが，先輩の紹介で，近くのIT企業で，データ入力などのアルバイトをしている。理系の科目は好きで一生懸命になれるが，英語は大の苦手。進路について，大学院進学か就職かで悩んでいる。 |

　それぞれの章で紹介する内容を，学ぶ側の代表である佐藤さんと，教える側の代表である高橋君の事例を取り上げ，当てはめています。自分自身が学ぶことと，人の学びを支援することとの両方の経験を思い出してみてください。

　本書で紹介する研究成果を読んで，佐藤さんと高橋君がそこから何を学んだのかを知り，あとはそれをどのように発展させていくか，自分の学びをよりよくしていくのかはみなさん次第です。ここで学ぶ内容は，自分たちの学びに適用し，実践していかないと意味がありません。積極的に活用するように心がけてください。専門用語が出てくるなど，難しく感じる部分はあるかもしれませんが，何度も読み返しながら，ぜひ理解するようにしてください。

## 本書の使い方

　本書がまだ原稿段階の際に，およそ150人の大学生に読んでもらい，練習問題に取り組んでもらいました。アンケートを取ったところ，「おもしろかった」「よくわかった」「練習問題もできた」と回答した人が多くいましたが，「難しかった」「よくわからなかった」「練習問題を間違った」と回答した人たちもいました。

　当然です。だって，初めて知る内容ですから。簡単に理解できないこともあるでしょう。そんなときは，もう一度読んでみてください。実は「繰り返し読んだらわかった」と回答した人も多かったのです。

理解の速さは人によって違います。時間がかかってもかまいません。あきらめずに繰り返し読むことや，読み方を工夫することが大切です。

　たとえば，1回目は章全体に目を通します。あまり時間をかけず，わからないことがあっても気にせず，章の最後まで読み通します。章全体の構成を把握できればOKです。

　2回目は，あなたがおもしろいと感じたところや大切だと思ったところに線を引きながら読みます。大切なことは図になっていることも多いので，図をよく読むのも理解に役立ちます。

　さらに理解を深めるには，章の内容をノートにまとめることです。箇条書きでもよいですし，図や表にするのもよいでしょう。そこに，あなたの考えや疑問点を書き込んでみましょう。もしかしたら，その疑問に対する答えが章の中に書いてあるかもしれません。そしてもう一度読んでみましょう。インターネットや他の本で調べるのもよいですね。その頃には，あなたはその章の内容を説明できるくらいに理解しているはずです。

　練習問題に挑戦してみましょう。練習問題をやるとき，となりのページにあるフィードバック（回答例など）が見える場合は，紙を挟むなどして見えなくするとよいでしょう。まず自力で練習問題に挑戦してみてからフィードバックを読むのが，自分の理解度もわかるので効果的な学習方法です。

　練習問題を間違えてもがっかりしないでください。初めて知る内容ですから，勘違いしていることもあるでしょう。練習問題のフィードバックを読んでみましょう。そして，本文をもう一度読んでみましょう。どうして間違ったのかがわかれば，あなたの学びはさらに深まったといえます。

## 本書の読み方の例

```
1回目：章全体に目を通す
  構成（何がどんな順序で書かれている
  のか）を把握する
```

```
2回目：線を引きながら読む
  おもしろいところ，大切そうなところを
  チェックする
```

```
ノートにまとめる
  箇条書き，図や表にする
  自分の考えや疑問点を書き込む
```

```
3回目：疑問点を調べるために読む
  本文をじっくり読む
  インターネットや他の本を調べてもOK
```

```
練習問題に挑戦
```

```
練習問題のフィードバックや本文を読む
  なぜ間違えたのかを考える
```

# 目次

はじめに　学び方を学ぶとは？ …………………………………………… iii

## 第1部　自分の学びと向き合う……1

### 第1章　自分を取り巻く学習環境を知る ………………… 2

〈学習目標〉
〈最初に考えてみよう！〉
- 「大学での学び」とは何だろうか？　3
- 学びの環境を整えよう　5

〈もう一度考えてみよう！〉
- 事例　9
- ■練習　10／■フィードバック　11

### 第2章　学習スタイルを把握する ………………………… 12

〈学習目標〉
〈最初に考えてみよう！〉
- ライフスタイルを4つに分けてみよう　13
- 学習スタイルを調べてみよう：VAKTモデル　15

〈もう一度考えてみよう！〉
- 事例　18
- ■練習　19／■フィードバック　21

### 第3章　学び方を振り返る ………………………………… 22

〈学習目標〉
〈最初に考えてみよう！〉
- これまでの学び方を振り返る　23
- メタ認知とは何か　24
- 読むこと，見ること，聞くことを振り返る　25

〈もう一度考えてみよう！〉
- 事例　30
- ■練習　31／■フィードバック　32

## 第4章　学びの深さを考える　33

〈学習目標〉
〈最初に考えてみよう！〉
- 知識とは覚えるものか，それとも疑うものか？　34
- 「文学入門」受講者4人の経験談　37
- ペリーの認知的発達段階説　38

〈もう一度考えてみよう！〉
- 事例　42
- ■練習　43／■フィードバック　44

## 第5章　学問分野の特色を把握する　45

〈学習目標〉
〈最初に考えてみよう！〉
- 科目ごとの好き嫌いを乗り越えられるか？　46
- 自然科学と社会科学との違い　47
- ある領域の学びから多くを得るための問い　50

〈もう一度考えてみよう！〉
- 事例　52
- ■練習　53／■フィードバック　55

### 第2部　学びの場をつくる……57

## 第6章　学び合う下地をつくる　58

〈学習目標〉
〈最初に考えてみよう！〉
- 共に学ぶ仲間の背景を考える　59
- 仲間の話に耳を傾ける　60
- 仲間の気持ちを考えながら自己主張する　61

●学習経験の質を高める　　64
　〈もう一度考えてみよう！〉
　　●事例　　66
　　■練習　　67／■フィードバック　　68

## 第7章　意見を出し合い整理する　　69

　〈学習目標〉
　〈最初に考えてみよう！〉
　　●協同学習の様々な技法　　70
　　●発散技法：ブレインストーミング　　71
　　●収束技法：KJ法　　73
　〈もう一度考えてみよう！〉
　　●事例　　77
　　■練習　　78／■フィードバック　　79

## 第8章　仲間と力を合わせる　　81

　〈学習目標〉
　〈最初に考えてみよう！〉
　　●仲間と力を合わせる学習とは　　82
　　●協同学習が大切な理由　　82
　　●協同学習をうまく進めるには　　84
　　●グループ活動のグランドルールをつくろう　　86
　〈もう一度考えてみよう！〉
　　●事例　　89
　　■練習　　90／■フィードバック　　91

## 第9章　時間を管理する　　92

　〈学習目標〉
　〈最初に考えてみよう！〉
　　●目標達成のための時間を配分する　　93
　　●タイムマネジメントをうまく行うためのヒント　　94
　　●学校学習の時間モデル　　95
　　●「時間モデル」活用のヒント　　96

- できばえを上げる方法を学ぶ　98

〈もう一度考えてみよう！〉
- 事例　100
- ■練習　101／■フィードバック　102

# 第10章　失敗に強くなる　103

〈学習目標〉
〈最初に考えてみよう！〉
- 失敗に強くなるとは　104
- 失敗に対処する4段階　104
- 援助要請は悪いことではない　106
- 失敗しない力　108
- メンタルヘルス　108
- コーピングスキル　109

〈もう一度考えてみよう！〉
- 事例　111
- ■練習　112／■フィードバック　113

## 第3部　学び方を工夫する……115

# 第11章　学習意欲を高める　116

〈学習目標〉
〈最初に考えてみよう！〉
- 学習意欲をARCSの4つの側面で捉える　117
- ARCSモデルを学びに活用する　120

〈もう一度考えてみよう！〉
- 学習意欲についての工夫例　121
- 事例　123
- ■練習　124／■フィードバック　125

## 第12章 理解を促す …… 126

〈学習目標〉
〈最初に考えてみよう！〉
- 9教授事象とは？　127
- 9教授事象は記憶のモデルと関係している　128
- 9教授事象を適用した授業例　129
- 9教授事象の使い方の留意点　130

〈もう一度考えてみよう！〉
- 学びの工夫例　131
- 事例　134

■練習　135／■フィードバック　136

## 第13章 出入口を明確にする …… 137

〈学習目標〉
〈最初に考えてみよう！〉
- 学びの出入口　138
- 出口：学習目標を明確にしよう　138
- 入口：学習者の状況を把握しておこう　139
- 出入口を確認する3つのテスト　140
- 学びの構造をイメージする　141

〈もう一度考えてみよう！〉
- 学びの工夫例　143
- 事例　144

■練習　145／■フィードバック　146

## 第14章 課題に合った学び方をする …… 147

〈学習目標〉
〈最初に考えてみよう！〉
- 学び方を考える流れ　148
- 学習目標を5つの種類に分類する　148
- 分類のしかた　149
- 学びの作戦をイメージする　151

〈もう一度考えてみよう！〉
- 学びの工夫例　154
- 事例　155
- ■練習　156／■フィードバック　157

# 第15章　実践に役立つ学びにする ……………………………… 158

〈学習目標〉
〈最初に考えてみよう！〉
- 現実味のある学びにする　159
- ID 第一原理　159
- 社会の中で学ぶ　162

〈もう一度考えてみよう！〉
- 学びの工夫例　164
- 事例　166
- ■練習　167／■フィードバック　168

## 第4部　これからの学びを考える……169

# 第16章　これからの学びを想像する ……………………………… 170

〈学習目標〉
〈最初に考えてみよう！〉
- こんな時代がやってくる　171
- これから学ぶ必要があること　173
- それらをどうやって学べばよいのか　176

〈もう一度考えてみよう！〉
- 事例　179
- ■練習　180／■フィードバック　181

# 第17章　学習スタイルを拡張する ………………………………… 182

〈学習目標〉
〈最初に考えてみよう！〉
- コルブの経験学習モデル　183

- コルブの経験学習モデルと学習スタイル　184
- 学習スタイルを広げることが学び方を学ぶこと　186

〈もう一度考えてみよう！〉
- 事例　189

■練習　190／■フィードバック　191

## 第18章　自己調整学習者になる　……192

〈学習目標〉

〈最初に考えてみよう！〉
- 学習を意識して自分で調整する　193
- 自己調整学習の３つの要素　195
- 自己調整学習の３つの段階　197
- 一人から複数への調整学習　199

〈もう一度考えてみよう！〉
- 事例　202

■練習　203／■フィードバック　204

## 第19章　アクションプランをつくる　……206

〈学習目標〉

〈最初に考えてみよう！〉
- 変化と成長を目指して　207
- 学びにも始まりと終わりはある　207
- キャリアをデザインする　208
- 不確実性を受け入れて，柔軟な対応をする　209
- アクションプランを立てよう　210

〈もう一度考えてみよう！〉
- 事例　212

■練習　213／■フィードバック　214

**文　献**　215
**索　引**　220
**編者あとがき**　223

# 第 1 部
## 自分の学びと向き合う

第1部ではこれまでの自分の学びを整理していきます。第1章から第5章を学んだら，以下の課題1に取り組んでください。それぞれの章を学ぶごとに，自分用のメモを作っておくと，課題に取り組みやすくなります。

### 課題1

1. 第1章から第5章での学びを踏まえて，以下の1）から5）のことそれぞれについて，自分の現状を箇条書きで整理してください。また，今後自分を成長させるために何をどうしていきたいかのアイディアをそれぞれ3つずつ述べ，その理由を短い文で説明してください。
   1) 自分の学習環境の特徴（第1章）
   2) 自分のライフスタイルと学習スタイルの特徴（第2章）
   3) 自分の学び方の特徴（第3章）
   4) 自分の学びの深さについての現状（第4章）
   5) 自分の学問分野への関心についての現状（第5章）

2. 自己評価：以上を踏まえて，現在の自分が学びの初心者からプロまでを7段階で評価するとすれば，自分は今何段階目であるかを自己評価し，その理由を示してください。理由には，なぜそのような自己評価結果になったかの根拠を第1章から第5章で学んだキーワードを活用して説明してください（500字以内）。

# 第1章 自分を取り巻く学習環境を知る

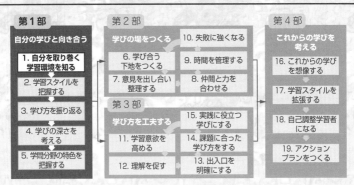

**学習目標**

1. 自分の学びをデザインすることの必要性について説明できる。
2. 高校までの学びの経験を振り返り、大学での学びはそれらと異なるということを自覚し、今後の学びについて、広い視野を持つことができる。

## 最初に考えてみよう！

□今まで自分はどのように学んできたのでしょうか？
□自分の学び方に癖はあるでしょうか？
□高校と大学では学び方は異なるでしょうか？
□大学で学ぶことは、一生通用するでしょうか？
□効率よく効果的に学ぶ方法はあるでしょうか？
これらの問いを踏まえながら、本章を読んでください。

## 「大学での学び」とは何だろうか？

### ● 大学とは

　大学とは，自ら選んで入る高等教育の場で「学問」を行う場です。学問とは「学」んで「問」うこと。問題に対して教員と学生が探究していきます。知識量を増やすだけでは本当の意味で学問をしたことにはなりません。自らが関与していくという能動的な面を必要としています（佐藤ら，2006）。

　日本において学校は，初等教育，中等教育，高等教育の3つに区分されています。初等教育とは小学校，中等教育とは中学校と高校（あるいは6年一貫の中等教育学校），高等教育とは高等専門学校（高専と略する）や大学のことです。小学校に通う人は児童，中学校や高校に通う人は生徒，高専や大学に通う人は学生といいます。

　では，児童・生徒と学生の違いは何でしょうか。児童や生徒は，学校で教育を受ける人，つまり教わる存在です。それに対し学生は，大学などで学業を修める者，つまり自ら主体的に学び研究する存在です（吉原ら，2011）。

　たとえて言えば，高校はプール，大学は海なのです。高校までの勉強は「ここまではあなたが勉強すべき範囲だよ」とはっきりしています。広さも深さも決まっていて，底まで見通せるプールで泳いでいるようなものです。それに対し大学での勉強は，海で泳いでいるようなものです。広さも深さも桁違いで，未発見の領域もあれば，海底火山の噴火で地形が変わってしまうようなことさえもあります。

### ● 大学の授業の特徴

　高校で教わる内容は，教科書に沿っています。その教科書は，文部科学省が定めた学習指導要領に沿っています。先生が出席を毎日チェックしてくれます。

　それに対し大学は，先生によって授業の達成目標も，進め方も千差万別です。高校は教育をするのが目的の組織ですが，大学はそれだけではありません。教育の他に研究の機能もあります。専門領域の先端の研究を行う人が先生となり，教育を行っています。したがって，すでに確立した内容を順序立てて組み立

| 高校 | 大学 |
|---|---|
| 教科書に沿っている | 先生によって，授業の達成目標も，進め方も千差万別 |
| 文部科学省の学習指導要領に沿っている | 授業のねらいをつかむことが大切 |
| 出席を毎日チェックしてくれる | 欠席しても注意されない。管理は自分の責任 |

図1-1　高校と大学の学びの違い（出典：専修大学出版企画委員会編，2009）

られている学習指導要領のようなものはありません。そこで大学では，科目ごとに用意されているシラバスを読み解き，授業のねらいや，やるべきことを自分でつかむことが重要になってきます。欠席しても注意されないかもしれません。時間や学習の管理は自分の責任です（図1-1）。

　高校での学びと違って大学では，積極的に，そして主体的に取り組む必要があります。先生から毎日細かくチェックされない自由がある一方で，自分で選択し，自己の責任において学んでいくことが要求されます。自分の価値観に基づいて知識を構成していく，自分づくりの場でもあります。専門的なことを学ぶことで専門性を高めるだけでなく，人間的な成長も求められます。正解がない問題に取り組む場面も多く出てきます。仲間と協同しながら進めていく場合や，研究活動に従事することもあります。先生がすべての答えを知っているわけではありません。

　大学は専門学校とも異なります。専門学校は最新の専門技術が学べるところです。就職して即戦力となる力を養います。大学は理屈や仕組みを考える力を養うところです。将来理屈や仕組みをつくり出せる人材を育成するための場所だからです（森，1995）。

● **大学への期待と不安**

　大学の新入生のよく感じる期待と不安には，以下のようなものがあります。

| 期待としては… | 不安としては… |
|---|---|
| 授業がおもしろくて刺激的 | 授業が難しすぎる |
| 学習が私の将来に役に立つ | 飽きてしまう |
| すべてが理解できる | 不合格になるかもしれない |
| やりがいのある授業 | すべきことが多すぎる |
| 授業で最新の知識を学べる | 先生とうまくやっていけない |

| | |
|---|---|
| 授業を優秀な成績で合格する<br>最後までやり通す<br>教員が親切で知識が豊富<br>他の学生が親しみやすく協力的<br>（社会人学生の場合）仕事の後にも<br>十分な時間がある | 他の学生とうまくやっていけない<br>間違った決定をしてしまう |

出典：タブリン・ウォード，2009

　上述の期待と不安は，米国のテキストに書かれていたものです。日本人からすると自信満々に見える米国の学生たちも，同じような悩みを持っていることがわかります。大学での新しい学びは，期待と不安が入り混じった，複雑な感情を持ちつつ始まるということです。その期待や不安を冷静に受け止めるため，それらが学習にどのように影響するかを詳しく分析し，自分の置かれた環境を客観的に捉えることが重要です。現在自分が持っている期待と不安を書き出してみましょう。もやもやと思っていることを文字にし，書き出すことで，自分を客観的に捉えることに役立ちます。それを他の人と共有したり，原因を取り除くなど，解決の方法が見つかるかもしれません。

## 学びの環境を整えよう

### ● 学びの環境とは

　自分の学びの環境を整えることは，学びを効率よく，効果的に行なっていくうえで，とても重要な要素です。環境とは，どのような部屋で，どのような机や椅子で，どの程度の灯りで，というような物理的な環境だけではありません。学びの環境を整えるとは，学ぶ目的やその内容，自分の性格や行動の傾向など，学習に影響しそうな要因，そこへ至るまでのプロセスなどを意識した活動すべてを整えることを含んでいます。学ぶことは一人の活動と思いがちですが，複数人で学ぶこともあります。学びの環境を整えるという活動には，必ずそこに目的があり，対象となるものがあります。

　情報を整理するとき役立つものとして，いつ（When），どこで（Where），誰が（Who），何を（What），なぜ（Why），どのように（How）という6つの要素があります。この5W1Hに沿って整理し，環境を整えていくのもよいでしょう。

## ● 学びのリソース（資源）

　自分をどう高めていくか。大学には，自分から主体的に学び，経験していくために，いろいろなリソース（資源）が用意されています。授業以外にも「無料で」いろいろ用意されており，余分な費用はかかりません。図書館だけでなく，サークル活動や補習講座もあります。最近ではチューターと呼ばれる後輩の学習を支援する資格を持った先輩学生のいる学習センターのある大学が増えてきています。同じ授業料を払うのであれば，それらのリソースをフルに活用しましょう。オリエンテーションなどで紹介される場合もありますが，それは部分的なものです。大学生活が落ちついてきたら，自分で積極的に学内を探してみましょう。学習センターがない場合でも，学内で講演会やセミナーなど，誰でも参加可能なものもいろいろあるはずです。

　このほか，連携している他の大学の講義を受講できて単位も取得できる制度や，オンラインで参加できるもの，また，特定の期間に集中講義で参加できるものもあります。近年，自分が所属している大学とは関係なく，個人でネットに繋がっていれば，ネット上で授業が受けられるものもあります。テレビの衛星放送では，放送大学の講義も視聴できます。ネット上にある TED（講演会）のプレゼンテーションを見たり，イベントの講演などは Ustream 中継される場合もあります。ネット上の情報，e ラーニング（例えば，iTunes U や Web ラーニングプラザ），SNS もあります（図 1-2 参照）。

　大学で学ぶ目標は人それぞれです。ネットの発達した現代においては，授業

図 1-2　学習環境にある様々なオプション

だけに限らず，自分を高めていくことが可能になってきています。大学の授業負荷を考慮しながら，学びのアンテナをはって自分なりの学習環境をつくっていきましょう。

### ● 高等教育は変わるのか？

　教材を無料で公開するOER（Open Educational Resources）と呼ばれるものがあります。ネット上に公開された教育用デジタル素材のことです。素材には，文書資料，画像，動画，電子教科書などがあります。この他，OCW（Open Course Ware）もあります。正規講義のシラバスや教材，講義ビデオを無償公開しているもので，単位の認定はしない場合が多いようです。世界規模の大規模公開オンライン講座（MOOCs: Massive Open Online Courses）もあります。米国を中心とする名門大学の無料オンライン講義です。一連の講義を受講し，途中に小テストや課題提出なども含まれており，合格すれば修了認定や単位まで取ることも可能となっています。自分のやる気と工夫次第で，世界トップクラスの良質な素材を無償で学ぶことができるのです。

　このように，デジタル教材の無料公開が進んでくると，社会にどのような変化が起こってくるでしょうか。教育を受けたくても受けられない環境にいる世界中の人たちが教育を受けられる可能性が出てきます。日本でも同様です。誰でも自由に教え，自在に学べる社会になっていくでしょう。

　さらにそこから一歩進んで考えてみると，大学に行く必要がなくなるかもしれません。社員を募集する企業が，大学の卒業証書よりも，自分の会社の業務に関わる知識やスキルを持っていることが，ネットのコースの認定証で十分と判断すれば，それで採用するでしょう。また一度就職してからも，さらに力をつけたい，別の専門性を身につけたいとなれば，働きながら，別のキャリアや学び直しの可能性も広がります。ここでも重要なのは自ら学ぶ力なのです。

### ● 学びは一人だけのものではない

　学びは一人で行うものと考えている人はいませんか。それも学びの一側面ですから，完全に否定するつもりはありません。しかし，もっと広い視野で学びを捉えてほしいと思います。一人での学びには限界があります。他者を頼る必

要が必ず出てきます。他者に頼るとは，教えてもらう，助けてもらうという受け身のものだけではありません。大学の講義を受けたり，ゼミに参加する際には，先生から指導を受けています。困難な課題であれば，一緒に解決する仲間が必要となります。他者と学びを分担することで，より大きな成果にたどり着く場合もあります。お互いの疑問や理解をぶつけ合いながら，より深い学びになる場合もあるでしょう。

　他者に説明するために自分の考えを言葉にしたり，絵に描くことで，自分の頭の中にある考えを整理して頭の外に出してみることや，それについて他者からフィードバックをもらって考え直すことは，深い理解につながります。逆に，自分が他者の学びを支援する機会も出てきます。自分が知っていることを人に教えることは，みなさんも日常的に行っていることでしょう。私たちの学びは，他者に頼る，頼られる関係のもとで成立しています。

　将来においても，専門家として初心者に，先輩が新入社員に，親が子どもになど，教える機会はたくさんあります。課外活動も含め，大学生活では学生同士が教え合う場面はたくさんあります。アルバイトでも経験者が未経験者に教えることもあるでしょう。そうやって共に支え合いながら生活しています。つまり，学びというものは，一人だけのものでなく，社会的な側面を含んでいるのです。本書では「学び」について，自分自身の学びだけでなく，他者の学びを支援する，教えることを含めて考えていきます。

## もう一度考えてみよう！

本章の最初に考えた高校と大学での学び方の違いは，本章を読むことによって明らかになりましたか。これまでの自分の学び方やその癖について考え，そこから別のやり方の可能性が広がっていることが見えてきたでしょうか。

## 事例

### 学ぶ側―佐藤さんの場合

　佐藤さんは，大学に入学してから様々な不安に襲われました。自分で科目を選んで一週間の時間割を作っていかなければなりません。自分の不安や疑問を相談できる先生や気軽に話せる友人もまだいません。ましてや初めての一人暮らし。朝起きる時間も夜寝る時間も，朝昼晩何を食べるかも，すべて自分で決めなければならない状況です。まわりのみんなは，そんな不安は持っていないように見え，自分だけが取り残されているような気がしていました。

　本章を読んで，こういった不安を持っているのは自分だけではないと思えるようになりました。そして高校までの学びと大学での学びは違うのだということが，なんとなくわかってきました。まずは，自分の周囲にあるもので自分の学びに使えそうなものを改めて見直し，それを箇条書きにしてみることにしました。一度書いてみると，だんだんと不安が薄れていくような気がしています。書かれたものを眺めているうちに，自分の頭の中に，客観的に眺めているもう一人の自分がいて，この後どうしていけばよいかの案が浮かんできました。

### 教える側―高橋君の場合

　高橋君は，本章を読んで，自分が入学したばかりの頃のことを思い出しました。初めてのことがたくさんあり不安だったけれど，一方で，それを乗り越えた後の，見える風景が異なることに気づいたときの達成感です。

　後輩たちや自分の妹や弟に，大学での学びの経験をどのように伝えようか，理解してもらおうかと考え始めました。そこで話すのは，数学や英語などの学習内容そのものではないような気がしています。大学での学びは高校までと何が違うのか，そのためには今からどんな準備をしておくのがよいのか，何をすることが重要なのか。これまでの生活を振り返ると伝えたいと思うことがいろいろと見つかりました。

　これから何か新しいことも学びたいと思いネットで調べてみると，大学の講義や演習に関係しそうな映像や資料がいろいろ存在することがわかりました。ネット上に無料の自習教材がいろいろあることに気づき，その教材を少しやってみると，自分の興味や学びの速度に合うものがあることがわかってきました。もっと探して，積極的に使っていこうと思っています。

## 練習

1. 高校から大学に入学した現在（あるいはその当時に）自分が持っていた期待と不安を書き出してみましょう。もやもやと思っていることを文字にし，書き出すことは，それを客観的に捉えることに役立ちます。それを他者と共有したり，原因を取り除くなど，解決の方法も見つかるかもしれません。

|  | 現在（あるいは入学した当時）の気持ち | 実現策・解決策 |
| --- | --- | --- |
| 期待 |  |  |
| 不安 |  |  |

2. 大学での学習環境にどのような学びのオプションがあるか，それをどんな目的に使ってみたいと思うかを書き出してみましょう。普段使っているものがあればそれをまず書き出し，本章を読んで「そういうものもこれからは使ってみたい」と思ったものがあれば，それも追加してみましょう。

| 学びの手段 | 使いたい目的 |
| --- | --- |
|  |  |
|  |  |
|  |  |

3. 小学校から大学まで学校がすべてオンライン化したときの学校はどんな姿になっているでしょうか。そこからどのような人間が育つでしょうか。そのとき自分は何をしているでしょうか。想像してみましょう。

## フィードバック

1. 高橋君が大学入学当時に持っていた期待と不安を書き出した結果を以下に示します。こんな感じに書けたでしょうか，確認してください。

|  | 現在（あるいは入学した当時）の気持ち | 実現策・解決策 |
|---|---|---|
| 期待 | 友人がたくさんできる<br>サークル活動で，受験で我慢していたスポーツを思いっきりやる | 同じ授業を受けている人に声をかけてみる<br>サークルを見学に行く |
| 不安 | アルバイトをしてお小遣いを稼ぎたいが，授業に支障はないだろうか<br>苦手な英語の授業についていけるだろうか | アルバイトをしている先輩に大学の勉強と両立できるか聞いてみる<br>英語の先生やティーチングアシスタントに聞いてみる<br>学習センターなどがあれば行ってみる |

2. 佐藤さんが大学での学習環境にどのような学びのオプションがあるか，それをどんな目的に使ってみたいと思うかを書き出したメモを以下に示します。こんな感じに書けたでしょうか，確認してください。

| 学びの手段 | 使いたい目的 |
|---|---|
| パソコンのゲームでキーボードのタイピングを覚える | ワープロなどのキー入力が速くなり，ノートをとるのが楽になる |
| アプリを使って英語の語彙を増やす | 英語力を伸ばす，外国人と話す，留学する |
| 学習サークルをみつけて入る | 一人ではなかなか勉強できないので，仲間をつくって一緒に勉強したい |

3. 自由に想像した結果が書けているかどうか，確認してください。まわりの人と見せ合うことで，ユニークな点を比べてみるのも面白いでしょう。加藤君が書いたものを以下に示します。

> 自宅で一人で学習する，近くの学校に通うなど，自分に合ったやり方を選べるようになっている。自動翻訳が進み，世界の離れた人たちとの共同授業もできるようになっているかもしれない。ぼくは折り紙を，カメラを通じて海外の学生に教えたり，海外の学生から料理を教わることもできそうだ。数か国の異なる国の人とグループをつくり，地球温暖化を抑制するために，データを収集，分析し，解決方法を議論したりしている。国や民族の違いを超えて，その違いを受け止めつつ，チームになって問題解決や，新しい仕組みを考えるような人が育っていくだろう。

# 第2章 学習スタイルを把握する

**学習目標**

1. ライフスタイルの違いについて，能動・受動と対人・課題の2次元に整理し，それぞれ例をあげて説明できる。
2. 学習スタイルの違いについて，VAKTなどの分類枠を活用して，それぞれの傾向と学習への活かし方について例をあげて説明できる。

## 最初に考えてみよう！

☐ 自分自身のライフスタイルや学習スタイルの特徴は何でしょうか？
☐ 周囲の人と比べて，あるいは過去の自分と比べて，自分の生き方や学び方の特徴をいくつかリストアップしてみましょう。
☐ なぜそう思ったのかについて考え，メモしてみましょう。
これらの問いを踏まえながら，本章を読んでください。

## ライフスタイルを 4 つに分けてみよう

### ● 10 歳までにライフスタイルは決まる：2 つの軸で整理する

　人は，周囲の人に好かれたいという気持ちを持っているものですが，『嫌われる勇気』（岸見・古賀，2013）という本が出版され，注目を集めた心理学者がいます。その名はアルフレッド・アドラー。個人心理学とかアドラー心理学と呼ばれる学説では，ライフスタイル，すなわち自分が何を大切にして生きていこうとするかは 10 歳までに決まるといわれています（向後，2016）。

　アドラー心理学では，2 つの軸に従って，4 つのライフスタイルがあるとしています（図 2-1 参照）。1 つ目の軸は，「能動的（Active）か受動的（Passive）か」であり，2 つ目の軸は「対人関係優先（Person-centered）か課題達成優先（Task-centered）か」の軸です。1 つ目の軸は，「積極的か消極的か」の軸ともいえ，全体として活発で活動的な人（すなわち能動的な人）と，反対に静かで落ち着いている人（すなわち受動的な人）とに分けられます。2 つ目の軸は，誰とやるかを優先するか，それとも何をやるかを優先するかの軸です。例えば，旅行に「誰と行くか」ということをまず考える人は「対人関係優先」で，反対に，「どこに行くか」ということをまず考える人は「課題達成優先」の人といえます。あなたはどのライフスタイルに当てはまりそうですか。

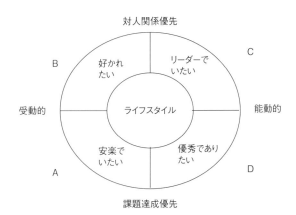

図 2-1　ライフスタイルの 2 つの軸（出典：向後，2015, p.60）

## ● ライフスタイルを4つに分けて考える：アドラー心理学の分類

　ライフスタイルを積極的・消極的という軸と対人優先・課題優先の軸で整理すると，表2-1のように4つのスタイルに分類することができます。

　あなたは，安楽であることを優先する人ですか，それとも人気者であることを優先しますか。あるいは，優秀であることですか，それともリーダーであることですか。あなたと異なることを最優先すると思える人がまわりにいますか。あなた自身の過去と現在の自分を比べたら，どういう変化があったと感じますか。表2-1を見ながら少し思いを巡らせてみてください。

　4つのタイプはライフスタイルの違いですから，どれが優れているとか劣っているとか，どれが良い・悪いということではありません。しかし，自分が優先したいと思っていることと違うことを優先する人と一緒に何かをやらなければならない状態になったときには，ライフスタイルの違いが衝突の原因になることがあります。例えば，自分がリーダーシップを発揮して何かを成し遂げたいと思っている人にとっては，自分のことしか考えずに優秀であることを最優先する人や，できるだけ何もしないで安楽を優先する人たちのことを「なんて自分勝手で非協力的だ！」と感じるかもしれません。

　これまでに経験した他者と衝突した場面を思い返してみると，ライフスタイ

表2-1　ライフスタイルの4分類

| 二軸 | 消極・課題 | 消極・対人 | 積極・対人 | 積極・課題 |
| --- | --- | --- | --- | --- |
| 最優先目標 | 安楽でいたい | 好かれたい | リーダーでいたい | 優秀でありたい |
| 苦手なこと | 苦労すること | のけものにされること | 服従すること | 無意味な時間 |
| 苦手なことを避ける方法 | 一番安楽な道を選ぶ | 他の人を喜ばせる | 他の人をコントロールする | 人一倍努力する |
| 強み（資産） | 気楽さ | 親密さ | リーダーシップ | なんでもできる |
| 弱み（負債） | 成長がない | 自分がない | かたくな | 背負いすぎる |
| まわりの人が抱く印象 | いらいらする | 信用できない | 反発する | 劣等感を感じる |
| 愛用する感情 | 面倒くさい | 不安 | 怒り | 憂うつ |
| 理想状態 | 私は面倒をみられるべきだ | 私は愛されるべきだ | 私は上に立つべきだ | 私は成功するべきだ |

出典：許諾を得て，向後，2015のp.65の表を再掲した

ルの違いがその原因であったと思えるかもしれません。自分のライフスタイルは何を優先するタイプなのか，周囲の人たちのライフスタイルはどれかを冷静に見つめてみると，そこから見えてくることがあるはずです。

##  学習スタイルを調べてみよう：VAKT モデル

　学習スタイルとは，学ぶときに好んで用いる認識活動，学習活動の様式や方法のことです。すべての人は固有の才能，能力，学習スタイル，経験の組み合わせを持つといわれているので，自分の学習スタイルの特徴を把握することで，うまく学習を進めていく可能性が高まります。また，学習スタイルを意識し，使い分けることができるようになれば，学習効率の向上にもつながるでしょう。さらに，学習スタイルについて知ることは，ライフスタイルと同じように，自分の学習スタイルについて理解すると同時に，他者の学習スタイルについて理解することにつながりますので，よりよい人間関係をつくる手助けになります。チームワークの改善や生産性の向上，コミュニケーション能力の向上にも役立つことでしょう。

　学習スタイルには，どのようなやり方で学びたいと思うか，あるいはどのような方法が得意かで分類した枠組みがいくつか提案されてきました。その中でも，好みのスタイルを視覚型（Visual），聴覚型（Auditory），運動感覚型（Kinesthetic），触覚型（Tactile）の4つに分けて考えるモデルが知られています。略して，VAKT モデルといいます（タンブリン・ウォード，2009）。

　視覚型学習者（V）は，ノートや図表などのように書かれた視覚情報に最も効果的になじむ傾向があります。ノートに書き表せないような内容の講義やプレゼンが苦手であり，ノートに書き表せる情報がない限り情報はないに等しいと考えてしまいます。また，筆記による伝達や記号操作などで高い能力があるのも特徴です。

　聴覚型学習者（A）は，話を聞くことが最も効果的で自分になじむと考えます。講義を集中して聞き，あとでノートを取ったり配布資料を見る手法をとる傾向があります。一方で，書かれた情報については，聞き終わるまで意味が把握できないことがよくあるので，声に出して読むことを好みます。よい話し手

である場合が多く，法律や政治学などの科目が得意な人が多いのも特徴です。

　運動感覚型学習者（K）は，身体全体を動かすことに最も効果的になじむ傾向があります。模倣と練習の繰り返しによって学習するので，実行したり動いたり，体験しながら学ぶのが一番学びやすいこと，じっと座っているのが苦手であることにすでに気づいています。このタイプの学習者には，高校や大学で苦手な方法によって学ばなければならない状況が頻繁に起こることになります。

　触覚型学習者（T）は，触覚をうまく使うことで，集中力を高められる傾向があります。手をじっとしていることが苦手で，彫刻を触ってみたい，形や外

**表 2-2　VAKT 学習スタイルを学習にどう活かすか**

| VAKT | 学習への活かし方（ヒント） |
|---|---|
| 視覚型学習者（V） | ・講義やプレゼンでは窓から離れた教室の前に座る<br>・話している人の顔に集中する<br>・自分と他人のノートの差異を確認するために，友人のノートを借りる<br>・ノートを取ったり書き直したりするときには，配付資料に書かれていても，自分で日付を書き込むと記憶が頑強になる<br>・重要な部分にマーカーを引く<br>・静かな場所で一人で勉強することを好むが，数学などに関連する勉強の際は，音楽を流しながらでもよい |
| 聴覚型学習者（A） | ・話し合ったり情報を聞く機会を持つために友人と勉強する<br>・覚えたいことは声に出して読んで繰り返し復唱する<br>・レポートを書く前にプレゼンをする<br>・授業を録音したりノートを読んで録音して繰り返し聞く<br>・可能であれば録音に合わせて声に出してみることが効果的（ラジオや音楽を聴きながら勉強してはいけない） |
| 運動感覚型学習者（K） | ・単語などを記憶する場合，机や床に指で書いてみる<br>・実際に書いているように頭の中で書いてみる<br>・単語を思い出すときは目を閉じてどのように書いたのかを思い出してみる<br>・同じような活動的な学習の好きな友人を見つけ，ボールなどを投げ合い，投げるほうが質問，受けるほうが答えるなどする<br>・サイクリングマシンでペダルをこぎながら，読んだり暗記したりする |
| 触覚型学習者（T） | ・デモやプレゼンを見る機会があったときは，セットアップの手伝いを申し出る。実際に手を触れる適当な機会を探す<br>・ノートの代わりにカードを使うなら，一枚一枚が異なって感じられるように，ぎざぎざにする，浮き彫りにできる道具を使うなどする<br>・ボールやお手玉をポケットに入れておき，いつでも触れることができるようにしておく |

出典：タンブリン・ウォード，2009 の本文（p.74-76）を表形式にまとめた

観を手で確かめたいという強い欲求があるのが特徴です。VAKTそれぞれのタイプの学習者が自分の学習スタイルを活かした学習についてのヒントを表2-2にまとめておきます。

　あなたは，VAKT学習スタイルに分類してみるとどのタイプでしょうか。あるいは，学ぶことの特徴によってVAKTを使い分けていますか。あなたの過去と現在を比べてみたときに，VAKTに変化はありましたか。また，あなたの周囲には，「典型的にV型だ」とか「この人はT型だ」などと思える人はいますか。

　表2-2のヒントは，合わない人にとっては，気が散り，かえって集中力を失うことになるので注意が必要です。また，大人の場合には，これまでの仕事や学習の経験により，本来の自分の学習スタイル以外の勉強の仕方でも学習効果をあげられるようになっている人もいるかもしれません。その場合には，明確なVAKTの違いが出ないでしょう。

　いずれにせよ，自分の傾向がわかれば，弱いところを伸ばすことができます。まずは，現在の自分のVAKT傾向を把握してみてください。そして，これからの学びにどのスタイルを強化する必要がありそうかを予想してみてください。分類することによって，現在の自分の学習スタイルの特徴をつかむだけでなく，将来の学びに備えるために何ができるかを考え，何かを始めてみましょう。楽しみながら，仲間を見つけて，小さなことでもよいからとにかく何か始めてみる。その試みを振り返って考え，仲間に話し，さらに続けていく。この小さな努力の積み重ねによって，「学び」が意識化され，自分の学習スタイルも徐々に変化していくかもしれません。

## もう一度考えてみよう！

本章の最初に考えた自分自身のライフスタイルや学習スタイルの特徴は，本章を読むことによってより明らかになりましたか。周囲の人のライフスタイルや学習スタイルについて，様々なモデルを当てはめることで，特徴がより鮮明に見えてきたでしょうか。

## 事例

**学ぶ側―佐藤さんの場合**

　佐藤さんは，本章を読んで，自分は典型的な K 型人間だと思いました。じっとしているのが嫌いで，身体を動かしながら考えるのが得意な自分には，体を動かしながら学ぶ方法が向いていることがわかりました。また，自分の受身的な態度はもしかすると高校までの授業の影響を受けてそうなったのではないか，と思うようになりました。でも一方で，クラブ活動などではリーダーシップを発揮してきたことも考えると，ライフスタイルは「安楽」を重んじるというよりは，他人の役に立つことを優先するほうだと気づきました。ライフスタイルは10歳までに決まるということですが，勉強が得意でないぶん，スポーツでカバーしようとしていたことを思い出しました。それで K 型人間になったのかもしれないと思いました。でも10歳までに決まるといっても，これからの過ごし方でライフスタイルや学習スタイルを変えられないということではないと信じ，どんな人になりたいか，どんな人生を送りたいかをまずは考えてみようと思いました。

**教える側―高橋君の場合**

　高橋君は，本章を読んで，これまでに後輩や友人に教える場面でうまくいかなかったときのことを思い出して，もしかするとライフスタイルや学習スタイルの違いがその原因にあったのかもしれないと思いました。自分は教えるのが好きだから進んでチューターをやってきたけど，どちらかと言えば地道に筋道を丁寧に追っかけて考えるのが得意。だけど，そういう思考法に慣れていない人も多い。それが学習スタイルの違いであり，頭の優劣ではない，という捉え方は，今後，自分が後輩に接するときの態度に影響を与えそうだと思いました。

　自分が得意な思考法で教えるのではなく，後輩の得意な思考法は何かを探っていけば，よりわかりやすい教え方ができるかもしれないと気づきました。

　自分は他人に頼らずに課題達成に向かうタイプなので，後輩に接するときにもどちらかと言えば緻密さや厳格さを求めすぎてきたかもしれない。もっと柔軟性を身につけて，好かれる先輩になる努力もしていこう，と思いました。

## 練習

1. アドラーのライフスタイル4分類に基づいて，あなたの行動様式を診断してみましょう。以下の14の質問それぞれについて，(A)〜(D)の4つのうちで，最も当てはまるものに◎を，その次に当てはまるものに○を，記入欄につけてください。深く考え込む必要はありません。直感的に◎と○をつけてください。

| No. 質問 | 記入欄 | | |
|---|---|---|---|
| 1. 最もうれしいことは何ですか。 ○と◎を1つずつつける（以下同じ） | | (A) | 安心できる状況で暮らしていること |
| | | (B) | たくさんの人から好かれること |
| | | (C) | たくさんの人から頼りにされること |
| | | (D) | 難しい課題をなしとげること |
| 2. 最も避けたいことは何ですか。 | | (A) | めんどうなこと |
| | | (B) | 人から嫌われること |
| | | (C) | メンツをつぶされること |
| | | (D) | 無意味な時間を過ごすこと |
| 3. 人からどんなふうに言われることが多いですか。 | | (A) | 「ほっとする人」 |
| | | (B) | 「楽しい人」 |
| | | (C) | 「頼りになる人」 |
| | | (D) | 「すごい人」 |
| 4. 人の役に立とうとするとき，どのような行動をすることが多いですか。 | | (A) | まわりの雰囲気を和らげる |
| | | (B) | 気配りをする |
| | | (C) | リーダーシップを発揮する |
| | | (D) | 知識や技術を提供する |
| 5. ときどきこんな気分になることがありますか。 | | (A) | 投げやりな気分 |
| | | (B) | 不安な気分 |
| | | (C) | 怒りっぽい気分 |
| | | (D) | うつっぽい気分 |
| 6. 人からこんなふうに言われることがありますか。 | | (A) | 「マイペースな人」 |
| | | (B) | 「八方美人な人」 |
| | | (C) | 「仕切り屋さん」 |
| | | (D) | 「完璧主義な人」 |
| 7. 自分を温度にたとえてみるとどの程度ですか。 | | (A) | 人肌程度 |
| | | (B) | あたたかい |
| | | (C) | 熱い |
| | | (D) | クール |
| 8. あと1週間で死ぬとしたら何をしますか。 | | (A) | じゃまされずにのんびりする |
| | | (B) | 大切な人と一緒にいる |
| | | (C) | 自分の考えをみんなに伝える |
| | | (D) | やり残したことをする |
| 9. 好きな言葉はどれですか。 | | (A) | 「なんとかなる！」 |
| | | (B) | 「みんな大好き！」 |
| | | (C) | 「俺に（私に）ついてこい！」 |
| | | (D) | 「最後までがんばる！」 |

| | | |
|---|---|---|
| 10. よく言う口癖はどれですか。 | | (A)「めんどうくさい」 |
| | | (B)「どうぞどうぞ」 |
| | | (C)「許せない」 |
| | | (D)「まだまだだ」 |
| 11. イベントや行事についてはどのように対応しますか。 | | (A) 必要最低限参加する |
| | | (B) 幹事を手伝うことが多い |
| | | (C) 自分から企画することが多い |
| | | (D) 利益がありそうなら参加する |
| 12. 休日の過ごし方で好きなのはどれですか。 | | (A) 気の向くままに快適に過ごす |
| | | (B) 人から誘われて出かける |
| | | (C) 自分から誰かを誘って出かける |
| | | (D) 知識や技術の習得に励む |
| 13. 何かをするとき，どの程度が好きですか。 | | (A) ほどほど |
| | | (B) 人並み |
| | | (C) 人から尊敬される程度 |
| | | (D) 目指している領域で一番 |
| 14. 自分の短所をあげるとすればどれですか。 | | (A) あまり進歩がないこと |
| | | (B) 他人にサービスしすぎてしまうこと |
| | | (C) 柔軟性に欠けること |
| | | (D) 何でも背負いすぎてしまうこと |

出典：©2015CRI. Chiharu Research Institute 許諾を得て再掲

2. あなたの VAKT 嗜好を診断してみましょう。

   次の 12 項目のうち，自分が得意だと感じることにチェックしてみよう。

   1. 頭にものごとをはっきり描くことができる（　）
   2. 私のノートには，たくさんの絵やグラフが描かれている（　）
   3. テスト中，頭の中に教科書の正答のあるページを思いだすことができる（　）
   4. 本を読むとき，頭の中で音韻化するか，あるいは声に出して読む（　）
   5. 本で読むよりテープで聞くほうが好きだ（　）
   6. 問題解決や何かを書いているとき，頭のなかで自分自身に話しかける（　）
   7. 音楽がかかっているほうが集中できる（　）
   8. 机や食器棚が散らかっている（　）
   9. 勉強しているときも動きまわるのが好きで，そのほうが考えられる（　）
   10. ノートへの落書きで勉強に集中できる（　）
   11. 考えているときは，ペンや他のものをいじる（　）
   12. 服を選ぶとき，生地の着心地が最も重要だ（　）

出典：タンブリン・ウォード，2009 の表 4.1 (p.73) の嗜好欄を除いて再掲

## フィードバック

1. 【採点方法】つけ落としがないことを確認したら，集計しましょう。◎を2点，○を1点として，ABCDごとに合計してください。計算結果は次の欄に書き込みましょう。

    A（　　）点　　B（　　）点　　C（　　）点　　D（　　）点

    点数を書き込んだら，一番点数が高かったところがあなたの属するライフスタイルです。もし，Aの点数が一番高ければあなたのライフスタイルは「A（安楽を望むタイプ）」ということになります。例えば，ある人の診断結果でAが15点，Bが5点，Cが4点，Dが18点だったすれば，AD混合型。Dが最優先目標「優秀でありたい」，Aが優先目標「安楽でいたい」ということで，さしずめ優秀ではありたいがバリバリやるタイプではないといった感じになります。このスタイルは，仮想的なものですので，どのスタイルが偉いとか正しいとかはありません。安心して自分の診断結果を友人と共有してください。また友人と一緒に振り返った結果，何を感じたかについても，メモしておくとよいでしょう。

2. チェックの数でどの学習スタイルの傾向が強いのかがわかります。1～3と10がV，4～6がA，7～9がK，10～12がTで得点化してみてください（10はVとT両方にカウント）。問1と同様に，どういう結果になったのか友人と一緒に振り返って何を感じたかメモしておきましょう。また，同点のものがあれば，その2つの特徴をあなたは持っていると考えてください。

    さてあなたは，あなたの強みを活かすために何を心がけますか。あなたの弱みを克服するために何に取り組みますか。

# 第3章 学び方を振り返る

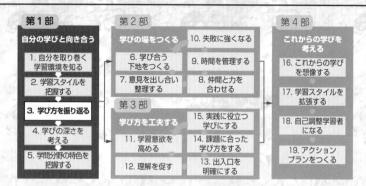

**学習目標**

1. 学び方を自分で振り返るためのメタ認知について説明できる。
2. 読む,見る,聞く,書くことについて,自分の学び方の特徴を把握し,改善する方法を実践できる。
3. 学ぶ段階,学んでいる最中,学んだ後に,振り返りを実践できる。

## 最初に考えてみよう！

□自分の学び方にこだわりがありますか？
　こだわりとまではいかなくても,自分なりの学習の傾向が少なからずあるのではないでしょうか。
□どんな勉強方法が好きですか？
□勉強するときどんな工夫をしていますか？
これらの問いを踏まえながら,本章を読んでください。

## これまでの学び方を振り返る

2つの異なる学びへの考え方を整理した比較表（表3-1）を見てみましょう。ここに示されている学習観とは，学習のしくみ，働き，有効な学習法などに関して個々人が持つ信念のことを指します。認知主義的学習観は，学びの質に重きを置いている学び方の傾向です。それに対して非認知主義的学習観は，量や結果を重視して，学ぶ過程をあまり重視しません。課題によっては練習量をこなすことも必要になります。単に量をこなしてすませようとするのは表3-1の練習量志向にあたりますが，量をこなすという作戦が効果的であると思って意識的に選択している場合には，方略志向にあたります。

みなさんはどちらの学習観の志向に近いですか。自分の学習経験における具体的な場面を思い起こしながら，どちらであるかを考えてみてください。

学び方の工夫は主に，認知主義的学習観の立場になりますが，どちらの志向が良いか悪いかではありません。これはあくまでも学び方の一側面です。しか

表3-1 認知主義的学習観と非認知主義的学習観の特徴

| 認知主義的学習観 | （項目例） |
| --- | --- |
| 方略志向 | 勉強する前に，どういうふうにしたらうまくいくかを考えるのは効果的だ |
| 意味理解志向 | ただ暗記するのではなく，理解して覚えることが効果的だ |
| 思考過程重視志向 | 問題を解くときには，答えを出すだけでなく考え方が合っていたかが大切だ |
| 失敗活用志向 | 勉強する途中で間違えても，その間違いは次に活かすための大切な材料になると思う |
| 非認知主義的学習観 | （項目例） |
| 練習量志向 | たくさんの量を積み重ねることが最も効果的だ |
| 暗記重視志向 | 習ったことで重要なことがらについては，まず丸暗記することが大切だ |
| 結果重視志向 | なぜそうなるのかわからなくても，とにかく答えが合っていればよいと思う |
| 環境重視志向 | みんなの成績がよいクラスに入っていれば，自然に成績はよくなると思う |

出典：植坂ら，2006

し，大学ではより高度なことを学ぶことになるので，従来の学び方では通用しなくなるかもしれません。学びの質にももっと意識を向けてほしいと考えます。

 ## メタ認知とは何か

「メタ」とは，「高次の」という意味です。メタ認知とは，「自らの認知についての認知」のことを指す心理学用語です。思考について思考する能力であり，問題解決者としての自分に意識的に気づく能力であり，自分の心的過程をモニタして，コントロールする能力です（Bruer, 1993/1997）。

これを図に表すと図 3-1 のようになります。学習内容について覚えたり，考えたりする認知活動そのものも大切ですが，深い学びが成立するには，自らの認知活動について自覚したり，これを適切にコントロールしたりする「メタ認知」の力がきわめて重要になってきます。

自分が行っていることを，客観的に見る自分がいて，点検したり，評価したりするのがモニタリングです。表 3-1 を見ながら自分の学び方の傾向を振り返ったこともモニタリングの 1 つでした。それを受けて，このあとどうすればよいのか，計画したり，計画を修正したりするのはコントロールです。このモニタリングとコントロールの力がつくと，自分自身の学びを振り返って，よりよい形にすることが可能になります。これまでの学びを，読むこと，見ること，聞くこと，書くことに分けて，それぞれ振り返ってみましょう。

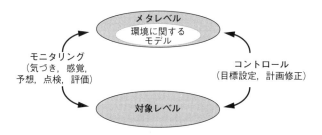

図 3-1　メタ認知のモデル（出典：松尾, 2006, p.30）

**読むこと，見ること，聞くことを振り返る**

● **読むということ**

　授業や宿題で，文章や，書籍，論文などを読む課題が出ることがあります。あなたはこのとき，どのように読んでいるでしょうか。高校生になれば，日本語のものはたいてい読めるはずです。小説を読む，物語を読む場合には，あるスピード感を持って読んでいくほうが，内容を楽しめるかもしれません。しかし，「読むことから学ぶ」のは，それとは異なる行為です。読むといっても「内容を理解する」ことは「字面を追う」のとは異なります。

　課題として出た文章，あるいは教科書のようなテキストを読む場合，いくつかのことを心がけることによって，理解を深めることができます。

　まず読み始める前に，今回なぜ本書や文章を読むのか，目的をはっきりさせ，そこから得られることを予想すること。そしてそれらをメモの形で書き出しておくことです。

　読んでいる最中には，そこに書いてあることは本当か，なぜこのようなことを言っているのだろうと，読んでいる内容について疑問を持つこと，批判的に読むことです。その中には情報源を評価することも含まれます。

　「読む」ことをコントロールするには，それらの活動を意識して行うということになります。読んでいる途中では，これからどんな展開になっていくのだろうと，次に何が来るのかを予想することも，理解を深めることにつながります。自分の身に置き換えて考える，自分の生活や経験，知っていることと関連づけるのもよいでしょう。全体の大まかな内容を一度把握したうえで，次に丁寧に読んでいくことが有効な場合が多くあります。

　一度読んで意味が取れなかったところは，ゆっくりと丁寧にもう一度読んでみる。少々難しい表現だなと思ったら，自分の言葉で置き換えてみる。また自分より年下の人に説明するつもりで，言い直してみることも役立ちます。重要だと思った文章や単語には線を引いたり，蛍光ペンでマークする。ちょっとしたコメントやメモを余白に書き込むのもよいでしょう。「しかし」「そして」「つまり」などの接続詞に注意して読みましょう。

## ● 見るということ，聞くということ

　本や新聞雑誌などの印刷物を読むという行為に比べ，テレビ番組や映画などの映像を見ることは，やさしいことのように思えます。本を読むことと，テレビを見ることの違いを考えてみましょう。

　本を読む際，読むペースは自分でコントロールできます。どの部分を読むか，読み飛ばすか，もう一度読むかを自分で決められます。何か途中で用事ができたときには，いつでも読むのをやめられます。また，読んだところをじっくり考えることもできます。疑問に思ったり，深く考えたり，反対意見を持つこともできます。見直したり，吟味したり，評価したりすることもできます。

　一方，テレビや映画などの映像を見る行為は，娯楽と快楽を与えてくれます。映像は本と違って，勝手にどんどん進んで，流れていきます。映像を止めたり戻したりして見ることはあまりしません。本を読むときとは違い，疑問に思ったり，深く考えたり，反対意見を持つことはあまりないかもしれません。見直したり，吟味したり，評価したりすることも同様です。テレビを見るには，精神の集中と努力はあまり必要ありません。

　映像を見ることは，本を読むことと違って，とても簡単な行為のように思えます。幼児にとっても簡単で，教わらなくてもテレビを見て楽しんでいますね。しかしこれは，日常生活の中で楽しむために見るときのことです。簡単に思えるからこそ，「見ることから学ぶ」際には注意が必要です。深く学ぶためには，読むときと同じようなことを意識的に行う必要があります。それが深い学びにつながるのです。

　まず見始める前に，今回なぜこの映像を見るのかの目的をはっきりさせ，そこから得られることを予想すること。そしてそれらをメモの形でよいので書き出しておくことです。

　見ている最中には，そこで言っていることは本当か，なぜこのようなことを言っているのだろうと，見ている内容について疑問を持つこと，批判的に見ることです。その中には情報源を評価することも含まれます。見ている途中では，これまでの自分の知識や経験，感想を重ね合わせているはずです。そこにもう一人の自分を登場させ，なぜそのように重ね合わせているか，自分の感情をちょっと突き放して考えてみることも有効です。

このように、「見る」ことをコントロールするには、上述のような活動を意識して行うということになります。見ている途中では、これからどんな展開になっていくのだろう、次に何が来るのかを予想することも、理解を深めることにつながります。自分の身に置き換えて考える、自分の生活や経験、知っていることと関連づけるのもよいでしょう。全体の大まかな内容を一度把握したうえで、次に丁寧に見ていくことが有効な場合が多くあります。

一度見て意味が取れなかったところは、ゆっくりと丁寧にもう一度見てみる。どのような内容であったのかを友人や、自分より年下の人に説明するつもりで、考えてみることも役立ちます。見る際には、重要だと思ったところ、気づいたことは、ちょっとしたコメントや内容をノートに書いていくとよいでしょう。

ここまで読んでいてもう気づきましたね。「読むことから学ぶ」と「見ることから学ぶ」のは同じことなのです。「聞くということ」についても同様のことがいえます。音声教材を聞く、講義を聞く、グループディスカッションで他のメンバーの話を聞く状況を思い浮かべてみてください。そして、「読むこと」「見ること」に書いてあった内容を置き換えて、何をすべきかを書き出してみましょう。

## ● 3つの活動に共通すること

読むこと、見ること、聞くことについての学びを調整するのは、実は同じようなことなのです。ですから、その方法を知り、意識化し、習慣化することで、メタ認知スキルを発達させていくことができるのです。

発達させる機会は、学生のみなさんなら毎日のようにあります。講義を聞く、資料映像を見る、課題で文章や書籍、論文などを読むなどです。これらの機会を捉え、読む、見る、聞くことについて、自分をコントロールできるようにしていきましょう。

読む、見る、聞くに共通することは、まずそれらへの構えを持つことです。それらを行う目的は何であるのか、そこには何が表されているのか、それを終えると何が得られるのかを予想し、書き留めることです。それを行っている最中には、内容について疑問を持つ、情報源を評価する、次に何が来るのかを予想する、自分の生活や感情、知っていることと関連づけるなどです。読む、見る、

聞くという経験の前，最中，後において自己観察（モニタリング）することが有効です。

またそれらは，考えるだけにとどめず，書き留める，文章にして書き出す，絵や図に描く，人に話すなど，考えを言葉にしたり絵にしたりして，頭の「外」に出すことが必要です。考えを外に出すことによって，さらにそれを自分で吟味したり，他の人と共有したりすることができるからです。

## ● 書くということ

これまで，読むこと，見ること，聞くことについて振り返ってきました。これらに共通することに，「書く」ことが入っていたことに気づいたでしょうか。「書く」ということはメタ認知を行う中で，特に重要な活動です。

誰かと話をしたり，言葉にしたり，文字にして書いたりすることで，自分が何を考えているのか，どうしたらよいかの考えが深まります。これを認知心理学では，「思考の外化」と呼んでいます。頭の中にあるもやもやとしたものをいったん頭の「外」に出すことによって整理し，吟味できるような状態にする。そしてそこからまた頭の「内」に戻し考える。これを「思考の内化」といいます。つまり頭の外と内との情報を上手に利用して相互作用を行うことによって思考を深めていくのです。

この「書く」ことをうまく活用していきましょう。ここでは，資料を読む，映像を見る，講義を聞くという活動との関係における書くことを考えます。メタ認知は，どんなことをこれから学ぶのかを考える段階，学んでいる最中，学んだあとの段階でモニタリングすることができます。

これから学ぶ段階では，どんなことを学ぶのか，どうやって学ぶのが効果的か，これまでそのことについて知っていることは何か，何と関係しているのかをあらかじめ考えて予想し，それをノートにまとめて書いておきます。

学んでいる最中では，読みながら，見ながら，あるいは聞きながら，考えたこと，疑問に思った点，なるほどと思った点，重要だと思った点，何かと関係がありそうだと思った点，興味を持った点などをそのつど，ノートにメモを書いていきます。

学んだあとでは，最も重要な点は何か，最も役に立つ，有益だと思った点は

何であったか，難しかった点，理解できなかった点は何か，それを解消するためにはどうしたらよいかをノートに書きます。今回読んだり見たり，聞いたりした内容を，聞いていない友人や高校生に，伝える文書を作成するのもよいでしょう。

さらには，他の科目とどう関係しているのか，今後関係していきそうか，今回の自分の採用した学習方略は，よかったか，あまりよくなかったか，それはなぜか，次回はどうすべきかを考えるのもよいでしょう。自分の行動を自己観察することや，自分の設定した目標に対する自分の行動を自己評価すること，これまで自分が持っていた知識の誤りを修正したりすることなどをノートに書いて見える化することです。

いずれの段階でも，言葉として表す他に，絵や図も取り入れると，知識は整理され，記憶に残りやすくなります。メモの書き方，ノートの使い方については，2段に分けるなど，自分に合ったやり方，課題に合ったやり方を工夫し，いろいろ試してみるとよいでしょう。

メモやノートを取る，要約するという行為は，感じたこと，考えたことを忘れないようにするためだけではありません。思考の外化で述べたように，自分から一度突き放して吟味できるようにすることで，理解を深めることの助けとなります。また文字や絵にしておくことは，他の人に伝達したり，比較したり，自分らしさを表現することにもつながります。様々なタイミングで自分を観察しながら実践してみましょう。

## もう一度考えてみよう！

学習する際に自己をメタ認知するということの意味が理解できたでしょうか。読む，見る，聞くについて，意識してできるようにすることが重要だということがわかったでしょうか。自分の学習を調整するためには，何をしなければならないか，そのスキルを発達させるためには，何から始めたらよいでしょうか。

## 事例

### 学ぶ側—佐藤さんの場合

　佐藤さんは教科書を読むときは，特に内容について予想することもなく，文字をただ目で追っているだけで，なかなか頭に入ってきません。授業が終わった後も，特に学習の振り返りはせず，試験の準備でも，試験の答案が返されてからも，なぜ間違えたのか，次回はどうすればよいのかも見直していませんでした。

　本章を読んで，推理小説を読んでいるときのことを思い出しました。推理小説では，この次どうなっていくのか予想し，誰が犯人でどういったトリックであるのかを推測しながら読んでいます。自分の考えが外れたときは，どこで気づくべきだったのか，なぜそんなふうに考えてしまったのかを，あまり意識せず，振り返っていたことに気づきました。そこで，意識的な振り返りを大学の学習でもやってみたら，どうだろう。自分の間違え方に共通性が見いだせるかもしれない，修正できるかもしれないと思い始めました。まずは，本書を読むときに自分なりの「読み方」を意識していこうと考えています。

### 教える側—高橋君の場合

　高橋君は，チューターとして教える際に，すぐにわからない，といって考えることをやめてしまったり，すぐにわかったと言って深く考えない人がいるので，そういった人たちがメタ認知を意識できるようにするためにどのような支援をすべきか悩んでいました。

　本章を読んで，学習を始める前や，途中，終わった後など，様々なタイミングで，疑問に思った点，なるほどと思った点，重要だと思った点，何かと関係がありそうだと思った点，興味を持った点などをそのつど，ノートにメモを書いていくことを習慣づけるようアドバイスすることを思いつきました。人にアドバイスする前に，それが有効かどうか，まずは自分の学びに応用することから始めてみようと思いました。そう考えてみると，本書のそれぞれの章に「まず考えてみよう！」や「もう一度考えてみよう！」があったり，結果とフィードバックが置かれているのも，「思考の外化」をねらった工夫なんだと気づきました。

## 練習

1. 自分の学び方を振り返ることについて，自分に合うものを選んでください。1が一番低く，5が一番高いとして，○をつけてください。低くてもまったく問題ありません。

| | | | | | | |
|---|---|---|---|---|---|---|
| 1 | 学び方を工夫しようとしている | 1 | 2 | 3 | 4 | 5 |
| 2 | 自分の学び方については自信がある | 1 | 2 | 3 | 4 | 5 |
| 3 | 上手に学ぶために自分をコントロールすることができる（宣言的知識） | 1 | 2 | 3 | 4 | 5 |
| 4 | 勉強しているときに，自分がどのような方略（やり方）を用いているかを知っている（手続き的知識） | 1 | 2 | 3 | 4 | 5 |
| 5 | 自分の弱点を補うために，何かやっていることがある（条件的知識） | 1 | 2 | 3 | 4 | 5 |
| 6 | 課題に取り組み始める前に，本当に学ぶ必要があることは何かを考える（計画） | 1 | 2 | 3 | 4 | 5 |
| 7 | 問題に解答する前に，その問題に対する複数の解答について考える（モニタリング） | 1 | 2 | 3 | 4 | 5 |
| 8 | 学習を終えた後に，自分が学んだことを要約してまとめてみる（評価） | 1 | 2 | 3 | 4 | 5 |
| 9 | 学習しているときに，内容をよりよく理解できるように絵や図を描く（情報管理方略） | 1 | 2 | 3 | 4 | 5 |
| 10 | うまく学習内容を理解できないときに，別の方略を用いる（修正方略） | 1 | 2 | 3 | 4 | 5 |

注：Nilson, 2013をもとに作成

2. 読むこと，見ること，聞くこと，書くことについて，普段から自分が気をつけているモニタリングとコントロールの方法を書き出してみましょう。また，本章を読んで，今後の学びの中で挑戦してみたいと思ったことも書き出してみましょう。

| | 普段からやっていること | 今後挑戦してみたいこと |
|---|---|---|
| 読む | | |
| 見る | | |
| 聞く | | |
| 書く | | |

3. 毎回の授業を受ける前，受けている最中，受けた後で普段から工夫している学び方を書き出してみましょう。また，本章を読んで，普段はあまりやっていないけれど今後はやってみたいと思ったことがあれば，それも書き出してみましょう。

| | 普段からやっていること | 今後はやってみたいこと |
|---|---|---|
| 授業前 | | |
| 授業中 | | |
| 授業後 | | |

# フィードバック

1. 答えてみてどの数字に○が多いでしょうか。自分の学びを振り返ることを実践していくうちに，6か月後，1年後，同じ質問に答えてみて，数字の大きな方へ移動していれば，あなたはメタ認知スキルが身についてきていることになります。

2. 佐藤さんが自分の学び方を振り返ったときに作成したのが下の表です。自分の結果と比べてみましょう。

|   | 普段からやっていること | 今後挑戦してみたいこと |
|---|---|---|
| 読む | とにかくたくさん読む | 読んだ内容のポイントを人に話す |
| 見る | 対象だけをじっと見る | 対象を見て，似たような対象と比較し，言葉にする |
| 聞く | 授業中の先生の話を音楽のように流れるまま聞く | 先生はこの話で何が言いたいのか，その狙いを見つけようとしながら，メモも取りながら聞く |
| 書く | 思いつくまま書き始める | 言いたい項目を複数書き出し，内容が出終わったところで並べ替えたり，まとめたりして，筋をつくり，全体像が見えたところで書き始める |

3. 加藤君が自分の学び方を振り返ったときに作成したのが下の表です。自分の結果と比べてみましょう。

|   | 普段からやっていること | 今後はやってみたいこと |
|---|---|---|
| 授業前 | 必要な教科書とノートを確認し持参する | 前回のノートを見て，どんな内容であったかを思い出し，今回はどんなことだろうと考える |
| 授業中 | 板書をノートに写す | 板書をノートに写すだけでなく，重要なところは線を引いたり，自分が考えたことをノートや教科書に書き込んだりする |
| 授業後 | 友人と授業の感想を述べ合う | 友人と今回の授業のポイントはなんであったか，面白くない授業だったらなぜそう感じたのかなどを話し合う |

# 第4章 学びの深さを考える

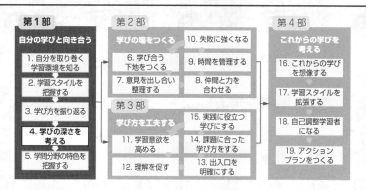

学習目標

1. 「知識」とは何か,「意見」「信念」「事実」との違いについて,例をあげて説明できる。
2. 知識は「覚えるもの」から「コミットするもの」という考え方に至る段階のどこに自分がいるか説明できる。

## 最初に考えてみよう！

□知識は覚えるものだ,という考え方をどう思いますか？
□研究は正解がわからないからやる意味がある,という考え方をどう思いますか？
□知識は覚えるものならば,まだわからない正解を求めて研究することと矛盾していると思いませんか？
そんなことを考えながら,本章を読んでください。

## 知識とは覚えるものか，それとも疑うものか？

### ● 天動説と地動説：コペルニクス的転回

　その昔，宇宙の中心は地球であり，太陽が東から出て西に沈むのは，太陽が地球の周りを回っているからだと考えられていました。これが天動説です。ところが，様々な観測を通じて，それではどうも説明がうまくいかないことから，実は太陽の周りを地球が回っているのだ，という説を唱える人物が登場しました。彼の名は，ニコラウス・コペルニクス。「そんなバカな」と一度はみんな反対しましたが，やがてその考え方は受け入れられ，今の常識である地動説が定着します。世の中がひっくり返るような常識の見直しは，それ以降，この偉大な科学者の名前をつけて「コペルニクス的転回」と呼ばれるようになりました。

　これは，あまりにも有名すぎる話です。しかし，「そんなバカな」から始まった地動説は，どのようなプロセスを経て正当化され，定説になっていったのでしょうか？　知識はできあがっているものであり，それを理解して記憶するのが学習であるといえるのでしょうか？　それとも，知識とは疑うものであり，その結果として知識が発展していくと考えるべきなのでしょうか？　一般人にとっては覚えるものであり，疑うのは学者の仕事であると区別すると安心できるかもしれません。では一般人から学者にはどう育っていくのでしょうか？

　その後も，このようにして常識が覆されてきた例は，枚挙にいとまがありません。鎌倉幕府の成立年は教科書では 1185 年に訂正されました。「1192（イイクニ）作ろう鎌倉幕府」と言って暗記した世代にとっては，「『1192（イイクニ）』から『1185（イイハコ）』になったんだよねえ」と言われてもピンときませんが，これは 2007 年頃の出来事です。江戸時代の身分制度を示す「シノウコウショウ（士農工商）」やその撤廃を示す「四民平等」という言葉も，今の教科書には載っていません。明治維新後に後付けされたとの学説が有力になったからです。あの頃覚えたことは，いったい何だったのでしょうか？

　自然科学では，これ以上分けられない最小単位であるという意味の語源「アトム」という名前を持つ原子は，さらにより小さい単位の素粒子に分解されることが判明して，名前はアトムのままですが，最小単位ではなくなりました。

すべての物質が，少数のクォーク，レプトンからできていること，そして，それを支配しているのがたった4種類の力であることがわかってきました。ここ100年ぐらいの間の発見ですが，現在でも新たな発見を模索した研究が続けられ，日本人のノーベル賞受賞も相次いでいます。新たな発見で研究論文だけでなく新しい製品も生み出され，研究にとどまらず私たちの生活もどんどん変化しています。知識は常に変化を続けているものだ，と考えてよいのでしょうか？

そうであるならば，知識をたくさん身につけることにはどのような意義があるのでしょう？　それなのになぜ，テストに向けての暗記はなくならないのでしょうか？

## ● 知識には個人的・手続的・命題的なものがある

私たちが何かを知っている，つまり知識を持っているというのはどんなときでしょうか？　知識にもいろいろな種類がありますが，3つに分けることができます。

1つ目は個人的知識。これは，個々の人たちが直接体験を通じて得られる知識のことで，会ったことがある人，行ったことがある場所，口にしたことがある味，あるいは自分で考えついたことなどが含まれます。この知識は他人に説明する必要はありませんが，間違っている可能性もあります。例えば「UFOを見た」という経験を本当のことだと信じてもらうためには，何らかの方法で他人を説得する必要があります。家族やクラスメイトとの思い出も，誰かと一緒に経験したことであれば，それを共有し，分かち合うことができます。

2つ目は手続的知識。例えば，泳ぎ方を知っている，ピアノの弾き方を知っている，韓国語を知っているなどのように，「やり方を知っている」タイプの知識です。これも個人的な知識なので，どのようにやるかを説明する必要はありません。しかし，「知っているね」と言われるためには，実際にやってみせる必要があります。手続的知識の中には，日本語のように生活の中で自然に身についた知識もあれば，英語のように学校で体系的に学んだ知識も含まれています。

そして3つ目は，「何々は何々である」という主張を示す命題的知識。「鎌倉幕府は1185年に成立した」のような実際に起こった出来事や，「地球は太陽の周りを回っている」のような真実であると認められた物事についての知識は命

題的知識に含まれます。私たちが「本当のこと」として信じている世界についての知識であり，学校で学んできた多くは命題的知識です。ほとんどが誰かから伝え聞いただけの間接的なもので，個人的知識と違って自分自身で経験したことではありません。だから，知識は覚えておくものだ，と受け身に捉えてしまうことも多いでしょう。でも，それらは誰かがどこかで発見・創造し，それがのちに認められ，共有されるようになった知識です。それらが「本当のこと」であると認められるまでには，様々な方法で検討されてきたはずです。

## ●「知識」の信ぴょう性を確かめるための問い

　教科書に書いてあることは認められた「事実」であり，命題的知識です。しかし，世界中の人全員が受け入れていない「知識」も書いてあります。あるいは今後また変わっていくかもしれません。それらを「知識」とみなすのは，現時点ではそれが私たちにできる精一杯のこと，現時点でのベストだからです。そして，私たちが人生を歩み続け，決断をし，行動するためにそれらを活用していくことが大切だからです。どこで何を学ぼうとも，最終的には私たちは自分自身で何を知識として受け入れるかを決めなければなりません。

　ある人が「このことは真実である」と主張したとしましょう。あなたはこの主張を「知識」として受け入れますか？　これが単なる「意見」なのか，それとも信ぴょう性がある主張なのかを見きわめるためには，表4-1の問いを検討してみるとよいでしょう。

　実は，これらの問いは国際バカロレア・ディプロマプログラムの必修科目「知

**表4-1　ある個人的な主張の信ぴょう性を見きわめるための問い**

- 誰にとって，これは真実なのか。
- どんな根拠があって，真実だと主張されているのか。
- この知識に関する主張は，私が以前から真実だと信じている知識に関する主張と一致するのか，それとも矛盾するのか。
- どの程度社会は，この主張が真実であることを信頼しているのか。
- どの程度私は，この主張が真実であることを信頼できるのか。
- この主張が真実だと認めると，どういう結果になるのか。
- 私がこの主張は確かだとみなすかみなさないかで，どういう違いが生じるだろうか。
- もし私がこの主張の真実性を認めないとしたら，どんな結果に直面するのだろうか。

出典：Z会編集部，2016, p.13

の理論」(Z会編集部, 2016) で扱われているもの, いわゆる, 世界のエリート高校生たちが学んでいることです。他方で, わが国の高校生は何を学んでいるのでしょうか？ 受験に向けて何でも暗記して素早く答えられるようになることを目指す勉強をしているだけでは, 世界で勝負はできません。グローバル化に対応する, といっても受験英語を学ぶだけでは十分ではありません。世界のエリート高校生たちは,「知識」とは何で, それらはどうつくられているか, 自分はどの知識を受け入れるか, また知識についての正当性を主張するためにはどのような手続きをする必要があるかなどを学んでいます。歴史と自然科学では, 知識についての主張を正当化するのに使用する方法や手順が異なることを学んでいます。学びの深さは,「覚えること」とは比べものにならないぐらい深いのです。

　学びの深さ, ということについて, ここで一度立ち止まって, 少し考えてみましょう。知識とは覚えるものでも疑うものでもありません。だとすると, 私たちは「知識」とどのように向かい合えばよいのでしょうか？

 **「文学入門」受講者4人の経験談**

　大学に入学すると, 高校までの授業との違いに戸惑うことがたくさんあるでしょう。ここではまず, 表4-2に「文学入門」という基礎講義を受講している

表4-2 「文学入門」を受講中の4人の大学生

| 工学部1年生の安藤さん | 文学好きで読むことが好きな学生。教授の話も興味深く聞いているが, 自分の解釈について発表しなければならないことにストレスを感じている。教授は専門家で, 授業で取り上げる作品についての正しい解釈を知っているのに, なぜ, 素人の学生である自分が間違っているかもしれない解釈をクラスで発表しなければならないのだろうか？ |
|---|---|
| 経済学部2年生の壇君 | 選択科目の必要単位を満たすためにこの科目を履修している。文学にはさほど興味はないが, クラス討議は大好きで進んで発言している。討議への参加が重視されるこの科目では楽勝で「優」をもらえると思っていたが, これまでに提出したレポートは両方ともC評価で怒りが爆発。実は, 壇君は自分の意見を支える証拠を十分説明できていないために成績が低かったのだが, 教授の評価は不公平だと感じている。個人の意見なのに, なぜ評価が低くなってしまうのだろうか？ |

| 法学部3年生の向井さん | 壇君と同じく選択科目の単位を満たすために履修している。たいていは2年生までに履修する科目なのに3年まで待って良かったと思っている。なぜならば，文学を楽しむだけでなく，教授が自分の分析力を高く評価してくれるからだ。この科目は将来自分に必要となる分析力や説得力を鍛えるのに役立ち，効果的に論点を発表する力をもっとつけなければと思うきっかけをくれた。 |
|---|---|
| 文学部4年生の小宮山君 | 卒業研究に取り組むかたわら，学生助手として「文学入門」に再び参加している。入学したての頃は，漠然とした文学への興味で文学部を選択したが，今ではこの教授の影響を強く受けて，大学院への進学を計画している。最初に履修した頃には良い成績を収めることに夢中だったが，今となっては高い点数を取ることよりも深く学べることに関心を寄せていて，教授が学生の討議にどう介入するかが興味の焦点になった。 |

4人の大学生に登場してもらい（Evans et al., 2010），彼らがその授業についてどう思っているかをみていきます。過去の自分の経験や今の自分の考え方と重なる点があるのはどの学生でしょうか？

## ペリーの認知的発達段階説

ウイリアム・ペリーは，1950～60年代に米国のハーバード大学での学生インタビューなどをもとに，大学入学後に様々な段階を経て考え方や見方が成長しているという理論を提案しました。それを「認知的発達段階説」といいます。その後の世代の研究者によって，成長を支える教授モデルとして具体化されたり，幅広い大学の授業設計や学生支援で用いられてきました。もともとの理論では9段階でしたが詳細化しすぎて実用的でないとして，現在では以下の3～4段階に分けて紹介されています（Evans et al., 2010）。以下に表4-2の「文学入門」で登場した4人の学生を例にしながら，各段階を見ていきましょう。

### ● 絶対主義段階

安藤さんは，良い・悪い，正しい・誤り，白・黒などの二元論で知識を解釈している絶対主義段階にいます。知識は多いか少ないかの量的な違いであり，学習とは正解を知ることで，教授は正解を知っているのだからそれを教えるべきだと考えています。「あなたは教師なのだから，早く正解を教えてほしい」と教

授に期待しているとすれば，なぜあまり知識もない自分が討議に参加して自分の意見を述べる必要があるのか，不自然に思い，抵抗感があったとしても無理はありません。

● **相対主義段階**

壇君は，いろいろな考え方が等しく存在すると考える相対主義の段階にあります。専門家同士が異なる意見を述べたり，「わからない」と表明することに触れたりすることにより，すべてのことに正解が１つだけあるのではないことを知ると，意味解釈の相対主義段階に移行します。多様な意見がすべて等しく妥当であると考える段階で，学習とは受け入れることではなく，自分で考えて主張することだと見なすようになります。教授だけでなくクラスメイトも正当な知識源だと思うようになると議論にも積極的に参加します。しかし，単なる個人的な意見と裏づけられた主張との区別がうまくつかないため，せっかく書いた自分の意見が低い評価を受けたことを「不公平だ」と感じてしまったようです。

● **評価主義段階**

向井さんは，異なる意見は等しく妥当なのではなく，意見を支える証拠が必要だということに気づいています。相対主義から評価主義に移行を始めた段階にあります。知識は証拠と論理に基づいて評価される，と思っています。様々な意見が交わされていたとしても，それらの意見がすべて等しく妥当なわけではなく，知識をより質的に捉え，証拠や主張の支えが必要なものと捉えるようになります。この段階になると，意見を活発に発言するという行為そのもの（頻度）ではなく，発言の根拠の論理性（貢献度）が評価されることを歓迎するようになります。自分の専門とは異なる授業にもかかわらず「将来自分に必要となる分析力や説得力を鍛えるのに役立つ」と思えるようになったのはそのためです。

● **コミットメント段階**

小宮山君は，最初は何気なく文学部を選んで大学に入学したかもしれません

が，今は文学の道を志し，将来を見据えてこの授業に参加しています。コミットメント段階にあるといえます。学生自身がコミットし，肯定し，決定します。主たるコミットメントには，キャリアを選択することや宗教や政治の所属を決めること，そしてパートナーを選ぶことなどがあります。学生は意見を形成し，学ぶことに個人的な意義を見いだすため，自分のこととして捉えるようになります。

● **あなたは今，どの段階にいますか？**

表4-3に「学生視点で見たペリーの認知的発達段階説」の表を掲げておきます。それぞれの観点で，考えてください。自分は今どこの段階にあるか，以前の自分と比較して変化したか，そのきっかけは何だったか，次の段階に進む方法は何だろうか？　自分の過去と現在を振り返って，考えてください。

表4-3　学生視点で見たペリーの認知的発達段階説

| | 絶対主義段階 | 相対主義段階 | 評価主義段階 | コミットメント段階 |
|---|---|---|---|---|
| 知識の見方 | 知識は正しいか誤りか，良いか悪いかのどちらかだと信じている。すべての問題に対する答えはどこかに存在していて，専門家はそれが何かを知っている。知識は量的である。 | 専門家が正解を知らないときには，誰でもが自分の意見を支持することができる。誰もが「誤り」とは断定されない。専門家は何が正しいかをいまだに探索中である。 | 知識は文脈との関係で捉える。すべてが妥当だが，すべてがいつも等しいとは限らない。視点が有用である。知識は証拠と論理に基づいて評価される。知識は質的である。 | 学生自身がコミットし，肯定し，決定する。主たるコミットメントには，キャリアを選択すること，宗教や政治の所属を決め，そしてパートナーを選ぶことがある。 |
| 教員 | 教員が学生を教える責任者である。教員が学生の学びの究極的なリソースである。 | 教員はそのトピックの権威者である。教員が難しい問題に対する解答を提供する。 | 教員は多くの学びのリソースとガイダンスを提供する。教員がディスカッションを支援する。教員は学生に新しい問いをつくるようにチャレンジしてくる。 | 教員は学生がコミットし，肯定し，決定したことに興味を持っている。教員は学生が自分の意見を形づくることを許容している。 |
| 学習のゴール | 学習とは記憶して習得することである。事実や年号，場所，出来事を記憶する。 | 学生は教材を理解する。単に記憶するのではない。アイディアの重要性に気づき始める。 | 学生は学んでいることを応用し分析する。異なる複数の視点から検討し，難しい問題を捉える。 | 学生は情報を統合し評価する。学生は意見を形成し，個人的な意義を見いだす。 |

| | | | | |
|---|---|---|---|---|
| 期待 | 学生が何を学ぶべきかを伝えてほしい。シラバス通りに授業をしてほしい。この情報はテストに出ますか？ | 異なる情報が相互にどのように関連するか理解できるように助けてほしい。学生は自分で答えを見つけることを望んでいるが，最終的には何が正しいかを教えてほしい。 | 学生に答えを与えないでほしい。問題解決にチャレンジさせてほしい。正しい答えはいくつもあるかもしれない。 | 学生の答えは，それを証拠で支持できる限りにおいては正しい。学生が今学んでいることの個人的な意義を見いだす必要がある。 |
| テスト方法 | 客観式テストが好まれる。正誤式，多肢選択式，組み合わせ式など。 | 客観式テストに主観式テストを少し加えたい。短答式や空欄補充式など。 | 主観式テストが好まれる。自分の答えを論理や証拠で支持することができるもの。 | 主観式テストが好まれる。ある選択や意見に対してコミットすることを求めるようなもの。 |
| 成績 | もし全問正解ならば，A評価がもらえる。 | 努力点を認めてほしい。特に，正解を導く手順が正しく理解できている場合には。 | 成績には，妥当な理由づけや論理，あるいは証拠で解答を説明する力が反映されるべきだ。 | 成績が重要なのは理解しているが，私が学んでいるのは学ぶためであり，知識を広げるためである。 |

出典：Seller et al., 2014，第11章の表11.2を筆者が訳出
注：3段階目までの名称は，今井（2016）によるエピステモロジーの用語を採用した。原著には，二元論（Duality）・多元論（Multiplicity）・相対論（Relativism）と表記されている。

## もう一度考えてみよう！

本章の最初に考えた「知識は覚えるものだ」という意見や「正解がないから研究するのだ」という意見について，自分自身の考え方は何か変わったでしょうか。「正解がないから研究するのだ」としても，自分はその研究にコミットできるでしょうか。コミットできると思えるような研究テーマやキャリアに出会えるでしょうか。

## 事例

### 学ぶ側―佐藤さんの場合

　佐藤さんは，本章を読んで，いったい高校までの勉強は何だったのか，と頭にきています。数学でさえも「とにかく覚えて解法がすぐに頭に浮かぶように準備しておかないと間に合わないぞ」と言われてきました。考えてみれば今となっては覚えるだけの対象となっている知識も，それが生み出されたときには様々な反対もあり，すぐに信じてもらえなくて，苦労したのだろうと想像できますが，そんなことをこれまで，あまり考えたこともありませんでした。

　でも，今でもやっぱり覚える必要があることだらけです。定期試験はあるし，大学での勉強でも高校のときとあまり変わらずに「覚える」ことが中心の勉強になってしまっていて，このままじゃまずいのかな，と感じました。「研究」ということはまだまだ遠い存在です。いろいろな授業を受ける中で，「これがやりたい」と思えることに出会えるといいなぁ，と思っています。いつの日か，自分がもっと学んでみたいと感じられるようなことに出会えることを願っています。

### 教える側―高橋君の場合

　高橋君は，本章を読んで，これまでに接してきた後輩や友人の多くは「絶対主義」に浸っている段階にあるのではないか，と思いました。理論やモデルを考え出した経緯にはあまり興味を持たず，どうやって解けばよいのか，そのパターンを知りたがっているように思えたからです。自分自身も，「自分が知っていること」を教える場面が多いので，解き方のパターンを教えて満足しているだけだったかもしれない，と振り返りました。

　最近いろんな科目でやることが多くなったディスカッションが苦手だ，という相談も増えていることも思い出しました。もしかすると，話し合いの方法を知らないから苦手だという理由もあるかもしれないけど，その他にも話し合うことが無駄だ，という考え方を持っているから苦手だという人もいるかもしれません。正解があるならば早くそれを教えてくれ，話し合うことは意味がない，と思っている間は苦手意識を克服できないかもしれない，と思いました。

## 練習

1. 知識は覚えるものでしょうか，それとも疑うべきものでしょうか。「表4-1　ある個人的な主張の信ぴょう性を見きわめるための問い」を振り返って，知識とどのように向き合えばよいかについて，自分の考えをまとめてみましょう。

　　これまで出会った教師の言葉で，印象に残っているものはありますか。自分が経験してきた受験勉強といわゆる世界のエリート高校生が学んでいることを比べて何を考えましたか。今までの自分自身の学びの深さを振り返って，何か感じたことはないでしょうか。

　　簡単なメモに書き出して整理しましょう。また，自分の考えがまとまったら，友人とそれぞれが用意したメモについて話し合ってみましょう。

2. ペリーの発達段階説についての表4-3にある次のそれぞれの観点で，自分は今どこの段階にあると考えられるのか，チェックしましょう。さらに，今の段階にとどまることなく，次の段階に進むためには何ができるかを考え，できそうなことをメモしましょう。

| 観点 | 現在の自分の段階<br>（1つに○） | そう考える理由（メモしてみよう） |
|---|---|---|
| 知識の見方 | 絶対・相対・評価・コミットメント | |
| 教員 | 絶対・相対・評価・コミットメント | |
| 学習のゴール | 絶対・相対・評価・コミットメント | |
| 期待 | 絶対・相対・評価・コミットメント | |
| テスト方法 | 絶対・相対・評価・コミットメント | |
| 成績 | 絶対・相対・評価・コミットメント | |
| 次の段階に進むためにできそうなこと（メモ） | | |

## フィードバック

1. 自分が考えたことのメモ，そのメモをもとにして友人と話し合った結果をメモしておくとよいでしょう。あとでもう一度，そのメモを見直して振り返りましょう。

2. 以下に示す佐藤さんの例を参考にしながら，表4-2の「文学入門」に登場した4人の大学生と比較して，自分がどの段階にあると思ったのかのメモが妥当なものかどうかを自分でもう一度チェックしましょう。さらに，チェックした結果や，次の段階に進むためにできそうなことについてのメモをもとに，友人と一緒に振り返りましょう。

佐藤さんのメモ（例）

| 観点 | 現在の自分の段階（1つに○） | そう考える理由（メモしてみよう） |
|---|---|---|
| 知識の見方 | ⦿絶対・相対・評価・コミットメント | 本章を読むまでは「絶対」以外の他の段階があるとは気づかなかった。大学でも覚えることだらけだけどそれだけではダメだと気づいたところ |
| 教員 | ⦿絶対・相対・評価・コミットメント | 先生は教える責任者だし，その領域の権威者であると思っているが，大学での学びの責任は自分にもあるのかもしれない |
| 学習のゴール | ⦿絶対・相対・評価・コミットメント | 今まではとにかく理解して覚えてテストに答えることしか頭になかったが，それだけじゃないことだけは分かった。でもどうしたらよいのだろう？ |
| 期待 | ⦿絶対・相対・評価・コミットメント | 「学生に答えを与えないで欲しい」とは思えない。やっぱりしっかり教えて欲しいし，シラバスもちゃんと書いてほしいと思うから |
| テスト方法 | ⦿絶対・相対・評価・コミットメント | テストといえば正解が決まっている客観テストだと思っていた。でも自分の意見も言えるようになりたい |
| 成績 | ⦿絶対・相対・評価・コミットメント | やるべきことをやったらよい成績になるのは当然。努力点も認めてほしいがそれだと違うような気もする |
| 次の段階に進むためにできそうなこと（メモ） | | ・研究ってどんな感じでやるのかを先輩に聞いてみる<br>・これまでに世の中を変えた出来事についての本を読んでみる<br>・自分とは違う意見を持っている人を探して刺激を受けたい |

# 第5章 学問分野の特色を把握する

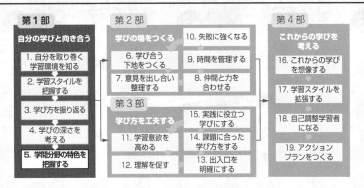

学習目標

1. これまでの経験に基づいて，学問分野の特色の違いを社会科学と自然科学を対比して例示できる。
2. データで裏づけをとる必要性について，科学的知識の「暫定性」の観点から説明できる。
3. 討論する必要性について，「可謬主義（かびゅう）」の立場から説明できる。
4. 学問分野の特色について，8つの問いを使って探究できる。

## 最初に考えてみよう！

これを知ったからには，もう知らなかった頃の自分には戻れない，そういうものを不可逆的な出会いといいます。
☐これまでの学びの中で，「これはすごい，忘れたくても忘れられない」と思ったことはないでしょうか？
☐それは何だったのか，なぜそう思ったのかについて考え，リストを作ってみましょう。
そんなことを考えながら，本章を読んでください。

**科目ごとの好き嫌いを乗り越えられるか？**

　高校までの勉強では，様々な教科を学んできました。その中で，自分の得意な教科は何でしたか？　その教科が得意だと思う理由は，テストの点数が取りやすかった，ということですか？　それとも，その教科を学んでいるときに「これはすごい」と思う経験があって，それがきっかけで好きになったのですか？あるいはその教科の先生がお気に入りで，それがきっかけで好きになった教科もあるかもしれません。一度好きになれば，その教科の勉強に時間を割くようになります。そうなると，徐々にその教科が得意になるでしょう。

　一方で，好きになれない教科からは遠ざかりがちになります。遠ざかっていれば得意になることは難しいのです。「あの先生が担当だったから嫌いになった」という原因で好きになれない教科があるとすれば，それは残念なことです。なぜなら，それぞれの教科はそれが好きで好きでたまらない人たちによって，時間をかけて発展してきた「人類の知恵」の結晶だからです。それぞれの教科は，そのもととなる学問分野の入口にあたります。それぞれに特有の歴史があり，特色があるのです。単に点数が取れるから，あるいは取れないからという理由で好き嫌いを決めるようではもったいない。そう思いませんか？

　大学では，様々な科目を様々な学問分野の専門家から学んでいきます。それぞれの専門家にとって，その学問分野の特色とは何かという点には，かなりの違いがあります。しかし，専門家にとっては「常識」の一部であり，どのような特色があるかを説明してもらえる機会はあまりないかもしれません。1つの事例として，3つの異なる領域の科目を履修することになったある大学生のコメント（表5-1）を読んでみましょう。あなたは何を感じるでしょうか？

　これらの科目を同時に履修している大学生は，どのようにして科目ごとの違いを整理して学んでいくのでしょうか？　例えば，「分析」という言葉が物理学と心理学では異なる意味で用いられています。心理学でいう分析は，物理学での要素に分解するという意味ではなく，視点や理論的枠組みを持つために努力することを指しています。そのためには，懐疑的であることや，発見を妥当とみなすための理由を常に探し続けることも求められています。英文学では，物

表 5-1　異なる領域の科目を履修することになったある大学生のコメント

1. 物理学では問いにどうアプローチするかがすべてだ。分析的でなければならず，直観的ではだめ。問い全体を一度に見ずに，部分に分割して考える必要がある。
2. 心理学では正しい答えが1つ必ずあるわけじゃない。違う理論が同じ結果を同じ妥当性で説明できてしまう。分析的に考えることが大切。つまり，読むことすべてを信じるな，書き手が何を言おうとしているかを読み取れ。
3. 英文学の問題点は，答えがないということだ。存在するのは，評価と批判的な判断だけで，それが証拠と強い主張に裏打ちされている。重要なのは，根拠のある論理的な主張に基づいて議論を組み立てる力と，証拠で固めたり支えとなる文献を広く読むことだ。

出典：Donald, 2002 の本文 p.1 の一部を筆者が訳出

理的な実態としての知識があるわけでなく，議論と判断のプロセスによって知識の構造が組み立てられていくのです。一言で「知識」といっても，こんなに差があるのです。

## 自然科学と社会科学との違い

### ● 自然科学の仮説検証と科学的知識の「暫定性」

　自然科学が扱う知識の種類には，大まかにいって「事実」「法則（原理）」「理論」の3種類があります。そのうち「事実」と「法則」は自然界の規則性を記述したものであるため，一応正解（真実）が存在するといってよいでしょう。しかしながら，自然科学は研究領域の成熟と共に「なぜ……が起こるのか」ということを説明するための「理論」構築へと向かいました。ここで登場するのが，仮説を立ててそれを検証するという科学的探究の手法です。

　科学的探究が用いている論理は，帰納法と演繹法の組み合わせです。仮説を立て，その通りの結果が出るかを確かめるためにデータを集めます。仮説通りの結果が出たとしても，次にデータを集めたときに同じ結果が出ずに仮説が覆される可能性もあります（これを「反例」と呼びます）。したがって，予想通りの結果が得られたときは「仮説が検証された」というよりは，「仮説の妥当性が高まった」と表現するのが正しいのです（帰無仮説の棄却，という回りくどい統計的手続きでこれを学ぶことになります）。また，同じデータを違う観点から説明することができる異なる理論が他にも存在する可能性を排除することはできません。データ収集方法の発展によって，これまで不明であったデータが集

まり，そのことによって今までの理論がより詳細に説明できるようになることも，あるいはその逆に否定されることもあり得ます。

このように自然科学は，自然界のしくみに関する「なぜ」という問いに対する答えである説明や解釈を，永遠に「真実」とは決定できないという宿命を背負っています。これを**科学的知識の暫定性**（否定されるかもしれないこと）といいます。だからこそ，自然科学の探究プロセスをダイナミックに捉え，「学習者が自由に自身の考えを表明し，様々な方法でそれを検証し，結果を解釈する活動が意味を持ってくる」（奈須・江間，2015, p.148）のです。

理科で実験をしたのは，正しい理論を裏づけるためにデータをとったのではなく，データの正しい取り方を学び，データに基づいて何かを主張するための基礎訓練だったと言えるのです。

### ● 社会科学の多角的見方と可謬主義

他方で，社会科学においては，「多角的な見方」や「正義としての公正」という考え方が本質的です。その理由は，**可謬主義**（人が行うことには間違う可能性が常にあることを認める立場）に立脚するからです。「誤りをおかしうる」からこそ互いの意見に耳を傾け，討論する意義があるのです。討論は強い者が弱い者をやり込めるために行うのではなく，現状や計画を多角的に吟味し，事象をより深く理解するために行うものです。あることについて賛成・反対に分かれて議論をするディベートは競技なので，もちろん勝つために行うものです。しかし，自分の意見と逆の立場を受け持つ場合もあります。相手の意見に耳を傾け，逆の立場に立って考えることで，より深く考え，メリット・デメリット両方を見つめる訓練なのです。

つまり，民主主義は不断の改良の過程であり，絶対的な正解は存在しません。様々な視点から考えたあとは，とりあえず何かをやってみて，様子を見ながらまずいところは改良していく，という姿勢を持たなければ何も始められません。全員が合意できなくても，何らかの政策を決定し，実行していく必要に迫られます。それを担う市民に必要な意思決定スキルは表5-2に掲げる8つだとされています。

安井（1986）は，中学校2年生社会科の歴史的分野の授業「家康はすごいや

表5-2　民主主義を担う市民に必要な8つの意思決定スキル

1. ある問題の大きさをはかり，対立するポイントや論争点を設定できる。
2. 問題に関連する情報を選び出し，提案された解決策と論理的に結びつけることができる。それらの情報の信頼性を判定できる。
3. その問題を可能な限り（価値を含む）広い文脈において見ることができる。
4. 提案された解決策のいずれに対しても，起こりそうな帰結にいたるまでのシナリオを構築できる。
5. 証拠や判断の基準となる価値に対立が生じた場合，合理的な判定ができる。
6. 扱う問題に対する見方が自分と異なる人々の意見に共感できる。
7. 理想的な解決ではなかったとしても，実行可能で当面の行き詰まりを打開できるよう解決を選べる。
8. 正当と認められた政治的ゴールに到達するように他人を組織したり，一緒に働いたりできる。

出典：奈須・江間，2015，p.99-100

つか」で，教科書にある家康の肖像画を見て「すごいやつ」か「嫌なやつ」かの立場を選んで議論する実践例を紹介しています。そこには，徳川300年の礎を築いた施策を支配者側の意図と非支配者側の感情のどちらかを代弁しながら，対比的・体系的に検討していく生徒の姿が描き出されています。「覚えることが多すぎていやだ」と嫌われがちな歴史の学習が，「誰が何のためにやったことか」を意識し，あるいは逆の立場でそれに従わされた人たちはどう感じたのかに感情移入しながら，臨場感をもって代理的に経験するプロセスに変貌します。立場の異なる人の意見に賛成はできなくても，その立場に共感できる人を育てるという社会科の本質を捉えた授業展開例です。

　社会科は，自分とは異なる歴史上の時間（地理では他国の姿）から学んだことをもとにして，自分が生きる現在の社会を理解する基礎をつくることをねらいにした教科です。そう学ぶことで，体系的な理解が深まり，ごちゃごちゃしていた史実も「知らない間に覚えてしまう」と安井は言います。そんな授業を通じてこそ，市民に必要な意思決定スキルが培われていくのだと思います。

● **学校では学問の本質は教えられていない？**

　自然科学にせよ社会科学にせよ，どの領域を学ぶときにも，その領域の特徴を捉えて，中心的な概念が何かに注目することが大事です。より多くの知識を覚えることがその領域を学ぶ目的ではありません。むしろ，概念形成のために

使った個別的な知識の詳細は，場合によっては忘れてもよいのです。市民として生きるうえで重要な教科的学びは，科学的知識の構築方法や暫定性，あるいは社会科学における「多角的な見方」や「正義としての公正」，あるいは可謬主義といった概念的な理解です。概念的な理解に達するための材料として用いるのがすべての物質の単位としてのアトム，あるいは徳川幕府の施策といった個別的な知識です。

学問分野の本質に迫ることは，すべての人たちに保証したい学びの成果となることです。しかし，現実の授業では「実にもったいないというか，非効率なことをしてきた」ことを教科教育の専門家たちは認めて，次のように述べています。あなたは，どう感じるでしょうか？

> 従来の教科教育は，専門に進む人たちをメインのターゲットにしてきた。しかも，概念的理解より個別知識の量を優先した。その結果，大多数の人たちはどこかでドロップアウトし，最後まで残った人たちが専門に進む。ドロップアウトした人たちには，個別知識のかけらしか残らない。だから好きになるわけがないし，概念的理解が形成されていないから，仮に先々学ぶ必要があったとしても，学校での学びが十分にその支えにはならない（奈須・江間，2015, p155）。

## ある領域の学びから多くを得るための問い

前章でみてきたように，世界のエリート高校生たちは，知識とは何か，それがどのように作られて共有されてきたのかを学んでいます。新しい知識がどのような考え方に基づいてどのように生成され共有されているのかも学んでいます。一方で，受験に翻弄されてきたわが国の高校生たちは，なるべく多くの知識を覚えることや，反射的に（制限時間内に）覚えたパターンを思い出して答えが導き出せるよう訓練を重ねてきています。その結果，点数に左右され，点数が取りやすいかどうかでどの科目を学ぶかを決める傾向にあります。数学や物理が好きだからという理由ではなく，その科目の点数が他者よりも取れるから理科系に進む，というのです。

もしそうだとすれば，学問分野の選択の理由が本来のあり方とあまりにも違うのではないでしょうか。大学の教養科目でも同様の考え方で，単位を取る（高

い評価を得る）ことを目標に学びを続けることになれば、「単位を揃えて卒業するためだけ」に学ぶ、あるいは「専門分野を勉強するのではなく、ドロップアウトしない程度に学ぶ」ことになってしまいます。高校生であれ、大学生であれ、あるいは新社会人であれ、あるいはもっと歳をとってからであっても、さらには教える立場にある人こそが、このことになるべく早く気づいて、自分の学んでいる学問の特色や面白さを見つめ直し、より深い学びへと自らを（そして後に続く者を）導いてほしいと願わざるを得ません。

本章の最後に、今後の学びから多くの収穫を得るためのガイドとして、表5-3に8つの問いを紹介しておきます。今まさに学ぼうとしていること、あるいはこれから学び始めるかもしれないことに取り組む際に、以下の問いへの答えを探してみることを勧めます。今まで学んできたことを振り返るときにも、役立つ問いです。これらを問うことを通して、その学問分野（あるいは領域）の面白さに気づいていく手助けとしてください。

**表5-3　ある領域の学びから多くの収穫を得るための8つの問い**

1. この科目を学ぶ主たるゴールは何か？
2. この領域の人たちが達成しようとしていることは何か？
3. 彼らはどのような問題を質問しているか？　彼らはどのような種類の問題を解決しようとしているか？
4. 彼らはどのような情報やデータを集めているか？
5. 彼らの領域に特有の情報収集方法は何か？
6. その領域で最も基本的な考え方・概念・理論は何か？
7. この領域を学ぶことで自分自身の世の中の見方にどう影響するだろうか？
8. この領域からの成果が日常生活にどう使われているか？

出典：Seller et al., 2014 の本文 p.41 の一部を筆者が訳出

## もう一度考えてみよう！

本章の最初に考えた「これはすごい、忘れたくても忘れられない」と思った不可逆的な出会いについて、振り返ってみましょう。それぞれ、なぜそう思ったのかの理由を本章で学んだことを使って整理しましょう。
他にも「不可逆的な出会い」だったと思い出したことがあれば、メモに加えましょう。

## 事例

**学ぶ側—佐藤さんの場合**

　佐藤さんは，本章を読んで，自分はこれまで新しい知識を「覚えるために」学んできたことを振り返りました。受験勉強を通して，勉強とはそういうものだと思ってしまったのではないか？　受験勉強が終わって大学に入ってからも，いろいろな授業で新しい知識がこれまでより多く登場し，授業についていくためにそれをどう理解して覚えていったらよいか，ということしか考えてこなかったことに改めて気づきました。

　「最後まで残った人たちが専門に進む。ドロップアウトした人たちには，個別知識のかけらしか残らない。だから好きになるわけがない」とわかっているのならばもう少し何とかしてほしい。私も中学校の社会科の授業で「家康はすごい奴か嫌な奴か」というような授業を受けていれば，もう少し自分の意見が持てる人になったのかもしれない。そう思うと「悔しい」と感じましたが，これからどう学んでいくかを考える良い機会にしようと思いました。

**教える側—高橋君の場合**

　高橋君は，本章を読んで，やたらと「なぜだ」と聞いてくる後輩がいたことを思い出しました。留学経験があると言っていたので，どうも高校で学んだことが日本と全く違っていたことが原因としてあるのではないか，と気づいたのです。もしも世界のエリート高校生たちが「知識」がどう作られているか，自分はどの知識を受け入れるか，また知識についての正当性を主張するためにはどのような手続きをする必要があるかなどを学んでいるとすれば，いちいち「なぜそうなるのか」と聞いてきたとしても不思議ではない。ほかの後輩や友人が正解にたどり着くことを急ぐあまりに，なぜそうなっているのかの理由にあまり関心を向けてくれない人が多いこととは正反対だったのです。

　大学でも依然として覚えなければならないことが多い。試験は持ち込み不可だし，考えている余裕もあまりない。でもどこかで「学びの深さ」を意識して，せめて好きな科目では「ある領域の学びから多くの収穫を得るための8つの問い」の答えを探してみようと思いました。まず教える前に自分からだと。

## 練習

1. 大学では,異なる深さで考えて学ぶことが要求される。次の質問に「いつも該当する」(5)から「全く該当しない」(1)までの5段階で自分自身の日常を振り返ってみましょう。また,振り返った結果,何を感じたかをメモしましょう。

(5 いつも該当する　4 ほぼ該当する　3 時々該当する　2 あまり該当しない　1 全く該当しない)

| | |
|---|---|
| 1. 私はある事項について様々な視点を探すことができ,客観性を維持できる。 | 5　4　3　2　1 |
| 2. 私は様々な問題やトピックについて深く,徹底的に考える。 | 5　4　3　2　1 |
| 3. 私は歴史などの科目で事実・年号・名前・出来事を学ぶのが好きだ。 | 5　4　3　2　1 |
| 4. 私は数学や計算問題で手順通りに問題を解く方法を学ぶことが好きだ。 | 5　4　3　2　1 |
| 5. 私は履修科目ごとに,どの特定の学習方略を使うかを決めるのが得意だ。 | 5　4　3　2　1 |
| 6. 私は新しい概念理解の手助けになる特定の例を探したり作ったりする。 | 5　4　3　2　1 |
| 7. 私は学んでいることを応用(演示・計算・構成・解決)するのを好む。 | 5　4　3　2　1 |
| 8. 私は2つ以上の理論や歴史的事実を比較・対比させることに慣れている。 | 5　4　3　2　1 |
| 9. 私は自分自身が執筆した作品を批判することは難しくないと思っている。 | 5　4　3　2　1 |
| 10. 私は授業で学んだことをもとにして新しいアイディアを創造する(考案したり発展させる)ことを楽しんでいる。 | 5　4　3　2　1 |
| 合計点 | (　　　)／50点 |

出典:Seller et al., 2014, 第2章, p.28 を筆者が訳出

振り返った結果,感じたこと

2.「知識の暫定性」という自然科学の考え方に基づいて，なぜデータを取る必要があるのかについて，自分の言葉でまとめてみましょう。これまでの学習経験の中で，「知識の暫定性」ということに気づいたことがあった人は，その体験も交えてまとめてみましょう。もしまだであれば，どのようなことだと想像するかを考えてみましょう。

3.「可謬主義」という社会科学の考え方について，自分の言葉でまとめましょう。これまでの学習経験の中で，ディベートをやったことがある人は，「ディベートは勝ち負けではなく，討議することによってそのことの本質を深めるためのものだ」という考え方の意味について自分なりに解釈してみましょう。やったことがない人は，ディベートの意義について書いてあるリソースを調べてまとめましょう。

4. 表5-3に示されている「ある領域の学びから多くの収穫を得るための8つの問い」をもとに，ある学問分野を専攻している先輩をインタビューしてみましょう。どんな答えが得られましたか，その結果をどう思いましたか？

## フィードバック

1. この問いは，アメリカの大学で使われている新入学生用のテキストの「自己評価してみよう：学習について考える」を訳したものです。そこには，以下のようなフィードバックが書かれています。

   合計点（10 − 50点）が高ければ高いほど暗記を超えた高次の思考や学習にオープンであることを示します。30点未満の人は，心配な点を書き出して，信頼できる友人や家族，教師，カウンセラー，あるいはアドバイザーと話すことを検討するとよいでしょう。

   回答結果の合計点や答えてみて感じたことなどについて，友人と一緒に振り返ってみましょう。振り返った結果，何を感じたかについても同時にメモしておきましょう。

2. **回答例**「知識の暫定性」とは今，本当だと思われていることが将来，本当ではないということが確かめられる可能性を持っているということ。実は違うんだということを主張していく必要があるからデータをとる。「暫定性」ということを意識したことはこれまではなかったが，言われてみると，科学の発展で新発見があったことは聞いたことがあった。

3. **回答例**「可謬主義」とは誰でも間違う可能性があるということ。ローマ法王だけはその例外らしい。ディベートをやったことはあるが，どうやって相手に勝つかということしか考えていなかった。でも結果として別の見方もあることが分かったこともあった。当時は，なぜ自分の意見が反対なのに賛成派にならなければいけないか納得がいかなかった。

4. インタビューの結果はどうでしたか？「そんなこと考えたこともない」とか「そんなことを聞かれても困る」という反応だったでしょうか，それとも，「少し時間をくれ，調べてくるから」という反応だったでしょうか？ もしこのインタビューにすらすら答えてくれる先輩がいたとすれば，それは第4章で学んだ認知的発達段階でいえば「コミットメント段階」に到達している人に違いありません。自分の専門について相当深く考えていなければ，答えに窮する質問です。

   さて，あなた自身はどのくらい答えられるでしょうか？ 自分の専門について，自分で自分にインタビューしたつもりで，どのくらい答えられるか，挑戦してみましょう。

# 第2部

## 学びの場をつくる

　第2部では学びの場をつくる方法を学びます。第6章から第10章を学んだら，以下の課題2に取り組んでください。それぞれの章を学ぶごとに，自分用のメモをつくっておくと，課題に取り組みやすくなるでしょう。

### 課題2

1. 第6章から第10章での学びを踏まえて，以下の1）〜5）のそれぞれについて，自分の考えを3つ以上，箇条書きで整理してください。また，そう考えた理由をそれぞれ理由ごとに短い文で説明してください。
   1) アサーションと傾聴をするためにやってみたい工夫（第6章）
   2) ブレインストーミングとKJ法でやってみたいテーマ（第7章）
   3) グループワークのグランドルール（自分版）（第8章）
   4) 時間管理で取り組んでみたいこと（第9章）
   5) 失敗に強くなるためにやりたいこと（第10章）

2. 試行報告：以上のアイディアのうち，それぞれ1つ以上を実際にやってみてその結果を報告してください。報告には，やってみたことそれぞれに対して，以下の項目を含めてください。
   - （ア）どんな場面でどのように試みたか
   - （イ）その結果はどうだったか
   - （ウ）次に行うとしたら何をどう改善するか
   - （エ）やってみて，振り返った感想

# 第6章 学び合う下地をつくる

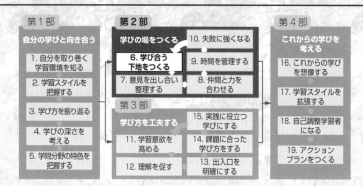

**学習目標**

1. 学びの場で考慮すべきダイバーシティーについて例をあげて説明できる。
2. 傾聴とアサーティブな自己主張をうまく行うための方法を例示することができる。
3. 学習経験の要因モデルの学習者個人要因について例を示しながら説明することができる。

## 最初に考えてみよう！

学び合うために必要だと考えられる要因をリストアップしましょう。
☐ 学びの場に参加する人はどのような人でしょうか？
☐ 考えや意見を主張するために気をつけるべきことにはどんなものがあるでしょうか？
☐ どのような心構えで学びの場に参加したらよいでしょうか？
作成したリストを確かめながら，本章を読んでください。

**共に学ぶ仲間の背景を考える**

　授業で教室の隣に座った人は知り合いですか？　知らない人かもしれません。その状態からすぐに「隣の人とペアになってください」「周りに座った人たちとグループになってください」というようなワークが始まるかもしれません。
　ペアやグループになった人はどんな人たちでしょうか？　黙って座っているだけでは違いはわかりません。違いは見た目で判断できるでしょうか？　ひょっとすると留学生かもしれませんし、世界観や生活習慣が違う人かもしれません。細かい色の違いがわからない人かもしれませんし、静かな会話がほとんど聞き取れない人なのかもしれません。性指向が違うかもしれませんし、以前は女性だったけれど男性になったという人である可能性もあります。つまり、同じような経験や価値観を持っているとは限らないのです。
　そしてもしあなたが「同じ」ように見えるけれども違いを抱えている当事者なら、いつも「同じ」ように扱われることに違和感を持っていることでしょう。
　一方で、見た目の違いが一目でわかると感じられる場合もあります。性別が違う。年齢が違う。服装や持ち物が違う。目の色や肌の色が違う。あるいは車イスや杖を使っている場合などです。しかし、見た目が違うからといって、まったく異なる世界観を持っているとも限りません。
　これらの様々な違いのことを「多様性」、英語では diversity といいます。日本では、様々な違いを活用することや違いを持った人々の共生をダイバーシティーと呼んでいます。多様であることは学びの場で大きな意味を持ちます。1つの物事を多様な視点から眺め、意見を戦わせることができるからです。問題解決やアイディア出しのワークに、違った視点を持った人が混ざっていれば新しいものが出てくる可能性が高まります。
　明らかに見た目が異なる人が混ざっているグループだけでなく、一見、似たように見える人同士にも違いがあります。本章では、それらの違いをうまく活かすための学びの場づくりに必要なことを紹介していきます。

**仲間の話に耳を傾ける**

　グループになって学習をするとき，十分な話し合いを経ずに多数決で決めてしまうことはありませんか？　なんでも多数決で決めてしまうと，意見が十分に反映されない，聞いてもらえなかったと，不満を抱えたり，モチベーションが下がってしまったりするメンバーがでてくるかもしれません。多数決という決定方法そのものにも問題はありますが，多様な仲間がいる学びの場の中で，まず大切にしたいことが，相手を理解することです。その第一歩は，相手の話をじっくり聴くことです。このような態度を「傾聴」と呼びます。

　傾聴の3つのポイントを紹介します。1つ目は，相手の言葉をそのまま繰り返すことです（繰り返し）。例えば，ペアワークの自己紹介などで，相手の言葉をそのまま繰り返すと，「あなたの言ったことを理解しました」というメッセージを相手に伝えることになります。相づちやうなずきでもよいでしょう。

　2つ目は，相手の言ったことの要約や言い換えです（言い換え）。これも「あなたの言ったことを理解した」というメッセージを伝えます。さらに言い換えによって，相手はあなたの認識を確認することができます。もし認識にずれがあればそれを修正する機会が生まれます。互いによりいっそう理解し合うきっかけになるでしょう。

　3つ目は相手の状態に合わせることです（合わせる）。例えば，悲しい話にうれしそうな声で返事をすると，「聞いてもらえていないんだ」という言外のメッセージを相手に伝えてしまうことになります。タイミングなど物理的な状況を合わせることもできるようなら試みてみましょう。

　ところで，傾聴は簡単でしょうか？　例えば，映し出されたスライドを読むのに一生懸命になって話を聞き漏らしたり，単調で長々とした話の最中につい他のことを考え始めてしまったという経験はありませんか？　聞くという行為は簡単にできるので，並行して他のことを行い易く，継続が難しいのです。そこで，一生懸命に聞く（傾聴）という意識を持って努力することが重要です。聞くのは話すより簡単だ，と軽く考えないほうがよいでしょう。

## 仲間の気持ちを考えながら自己主張する

### ● 自分の自己表現のタイプを知る

　学びの場では，自分自身の考えを伝えることも，もちろん重要です。まず，自分の自己表現について表 6-1 を使ってチェックしてみましょう。

表 6-1　自己表現チェックリスト

| | | |
|---|---|---|
| 1 | あなたは，相手の行動・言動についてよい印象を持ったとき，その気持ちを表現できますか。 | YES・NO |
| 2 | あなたは，自分の長所やなしとげたことを人に言うことができますか。 | YES・NO |
| 3 | あなたは，見知らぬ人たちの会話の中に，気軽に入っていくことができますか。 | YES・NO |
| 4 | あなたは，会話の場で，自分から席を外したり，別れを言ったりすることができますか。 | YES・NO |
| 5 | あなたは，知らないことやわからないことがあったとき，そのことについて説明を求めることができますか。 | YES・NO |
| 6 | あなたは，人に助けてほしいとき，それを伝えることができますか。 | YES・NO |
| 7 | あなたが人と異なった考えを持っているとき，それを表現することができますか。 | YES・NO |
| 8 | あなたは，自分が間違っているとき，それを認めることができますか。 | YES・NO |
| 9 | あなたは，相手に対して適切な批判を述べることができますか。 | YES・NO |
| 10 | 人から褒められたとき，素直に受け入れて対応することができますか。 | YES・NO |
| 11 | あなたの行為を批判されたとき，受け答えができますか。 | YES・NO |
| 12 | あなたの話を中断して話し出した人に，そのことを言えますか。 | YES・NO |
| 13 | 誘いを，受けたり，断ったりを自分の考えでできますか。 | YES・NO |
| 14 | あなたが依頼したことに対して，イメージ通りでなかったときに，相手にそのことを伝えて交渉できますか。 | YES・NO |

出典：平木，2009 から一部抜粋して改変

　自分が苦手なところ，得意なところが確認できたでしょうか。半数程度が YES であれば，あなたの自己主張度は普通以上ということになります。

## ● 自己主張の3つのタイプ

自己主張には3つのタイプがあります。表6-2で確認しましょう。

表6-2　自己主張の3つのタイプ

| | |
|---|---|
| 攻撃的自己表現<br>（アグレッシブ） | 仲間の言い分や気持ちを無視・軽視する自己表現。主導権を握りたがり、勝ち負けでものごとを決めがち。また、相手を操作して思い通りに動かそうともする。つまり、「それはダメだ！」と決めつけたり、相づちさえうたずに自分の意見を言い立てたりするなど。<br>自分の要求通りにはなるが、仲間から敬遠されて孤立してしまうことになりがち。内心では、自分の強引な行動に後味の悪い思いをしたり、必要以上に強がったりする自分に疲れてしまうこともある。 |
| 非主張的自己表現<br>（ノン・アサーティブ） | 自分の気持ちや考え、意見を表現しない、あるいはしそこなうことが多い。具体的には、あいまいな言い方をしてはっきりとした表現を避けたり、言い訳がましく、自分の発言を自分自身で軽視したり、消極的な態度や小さな声で無視されやすい表現をとったりする。<br>自分の気持ちにふたをして我慢をしすぎると、人付き合いがいやになってしまう。また、怒りの矛先を誰かに向けて、八つ当たりをするということにもつながってしまうかもしれない。 |
| アサーティブな自己表現 | 中間的なタイプで、自己主張を円滑に行うために必要となる表現。相手の気持ちを思いやりながら、その場にふさわしい方法をとる。例えば、自分の考えが相手と同じなら、同じであることをともに喜ぶ。自分の考えが相手と異なっている場合には、意見を出し合い、双方が納得できる結果を出そうとする。自分自身も仲間も、ともに正直に、率直に表現することを求める。 |

　自己主張をすると必ず相手と意見を戦わせて喧嘩になるというわけではありません。喧嘩になるのが嫌だから自己主張をしない、という消極的な姿勢では相手の言いなりになってしまい、自分の意見を表明してグループに貢献することができなくなります。喧嘩にならないように、相手の意見に傾聴しつつも言うべきことは言う、というのがアサーティブな表現ということができます。

　このような表現をとった場合、まず、お互いが大切にされたという気持ちが残ります。また、尊重し合うことで、多様な意見を取り入れた、より納得感のある結果を出すことができる可能性が高まります。お互いの知恵を組み合わせる表現方法を身につけることで、自分だけでは達成できなかった結果にみんなが満足できることを目指しましょう。

## ● 自己主張をうまく行うためのヒント

アサーションの基礎となる DESC 法（平木，1993）について紹介します（表6-3）。相手に脅威を与えずに自分の要望を伝える際に，4つの段階に分ける方法です。

表6-3　DESC 法

| |
|---|
| D=describe：客観的に状況を描写する |
| 　対応しようとする問題・課題の現在の状況や相手の行動を，客観的に描写。データを用いたり，事実のみを端的に描写したりすることがポイント。<br>　例えば，話し合いのメモなどを見せながら，異なっている点を具体的に指摘することなど。 |
| E=express, explain, empathize：表現する，説明する，共感する |
| 　描写したことに対する自分自身の気持ちを一人称で表現・説明したり，あるいは，相手の気持ちに共感を表明する。感情的，攻撃的にならず，自分の困っている気持ちや改善できる点を伝えることがポイント。<br>　例えば，相手の苦労を十分理解していること，グループにおけるその人の働きが大きいことを伝えることなど。 |
| S=specify：特定の提案をする |
| 　状況を変えるための具体的，現実的な解決方法や代替案，妥協案を提案する。強制力のない提案として述べることがポイント。<br>　例えば，目につく重要な1点だけを修正してもらうように提案するなど。 |
| C=choose：選択する |
| 　要望を受け入れてもらえた場合と，受け入れてもらえなかった場合のそれぞれに対して，次に自分がどう行動するかをあらかじめ考えたうえで，相手に選択肢を示す。双方にメリットがあることを伝えることがポイント。また，受け入れられなかった場合は代替案を聞いてみることも重要。<br>　例えば，受け入れてもらった場合は作業をサポートする，受け入れてもらえなかった場合は，他のメンバーに受け入れてもらえるようにするなど。後者では相手の意図を聞くことも必要となる。 |

出典：平木，1993

DESC 法では，結論となる「C」から逆算して組み立てるのがポイントです。自分の要望を強制するのではなく，妥協点を探るために使用するとよいでしょう。問題を解決するための思考方法としても使えます。

## 学習経験の質を高める

### ● 学びの質を確かめる

　最後に，学びの経験の質について考えてみましょう。パリッシュの学習経験の要因モデル（鈴木，2009）では，学びの経験の質に6つのレベルを提案しています。図6-1の中央を見ながら，自分の学びの経験の質のレベルを考えてみましょう。

　経験がどのような学びも生み出さない「無経験」では意味がありませんし，やらされ感と嫌悪感を生み出すだけの「機械的繰り返し」でも困ります。不満は残るが記憶に残らない「ばらばらな活動」でないかどうかの点検も必要です。学びが「心地よい習慣」であれば，日々の成長が実感しにくいため，仲間から不満が生まれるかもしれません。何かを学ぶ活動をしたとき，その経験の質が高ければ高いほど多くのことが深く学べます。当座の目標は，結果が成功であっても失敗であっても多くを学べるチャレンジとして本腰を入れて取りかかり，それに見合う手応えがある「挑戦的な企て」としてはどうでしょうか？

### ● グループの一員として

　図6-1の右側に示されている4つの「学習者個人に係る要因」から，学びのグループの中のあなた自身を眺めてみましょう。

　「意図」は，自らが何を目指して学びの場に参画しているのかをしっかり意識

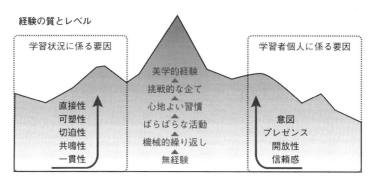

図6-1　学習経験の要因モデル（出典：鈴木，2009より作成）

することです。「意図」には，目的や興味に留まらず，態度・価値・期待・信念・嗜好・自らが置かれていると思う立場の認識などが含まれます。「プレゼンス」は，恥をかくことをいとわない気持ちを持つことです。「開放性」は，オープンな心で活動の進展を受け入れる心の広さを持つことです。個人としての信念やこだわりは守りつつも，それが変化していくことを拒まないという気持ちが状況にのめり込むためには必須です。「信頼感」は，この学習体験から何か大切なものがきっと得られるに違いないとの確信を持つことです。すぐに良い結果が得られなくても辛抱強く，関与し続けることが重要です。

### ● 学びの経験全体を見渡すために

　図6-1の左側に示されている学習経験の要因モデルの5つの「学習状況に係る要因」から，学びの経験全体を見渡してみましょう。

　「直接性」は，何か新しい意義があるものを生み出しているという感覚に支えられ，全員が傍観せずに没入できるだけの質を高く持てているかどうかです。「可塑性」は，ギブアンドテイクを許容しているかです。「切迫性」は，学びの活動に興味を抱かせる新しさがあり，そこに入り，追究せざるを得ないと思えるものかどうかです。「共鳴性」は，経験で得たものが一人ひとりを変化させ，それがグループ全体に波及効果を持ち，さらに次の経験の解釈に影響を及ぼすかどうかです。「一貫性」は，出来事の一つひとつがばらばらか，それとも全体として意味を成すものとしてつながっているかです。

　学びの経験の質を高めるために，置かれている状況の直接性・可塑性・切迫性・共鳴性・一貫性を確認し，その一つひとつをもっと高めるためには何ができるかを考えて，できる範囲で工夫してみるとよいでしょう。

## もう一度考えてみよう！

学びの場には，実際にはどんな人がいるでしょうか。本章を読むことで，よりよい学びの場をつくりあげるために，新たに付け加わった考えにはどのようなものがあったでしょうか。

## 事例

### 学ぶ側——佐藤さんの場合

　佐藤さんの入学した大学では，伝統的に自主学習グループでの学習が盛んです。グループに属するかどうかは個人の自由ですが，半数程度の学生が参加しています。佐藤さんも参加してみることにしました。ある回のことです。同じグループのAさんが「前回の授業内容は間違っていたからみんなで先生に抗議に行こう！」と言い出しました。興奮して話し続けるAさんに隠れて，佐藤さんが教科書とノートとを比べてみたところ間違っているようには思えません。しかし，どうすればAさんにそのことをうまく伝えられるのかがわかりません。同じグループのBさんは教科書とノートを確認したあと，Aさんに静かに事実だけを語りかけました。さらにAさんが授業をよく聞いており，いつも学習グループに貢献してくれていることを伝えました。それを聞いたAさんは，少し恥ずかしそうな顔をして「自分のノートをもう一度確認してみる」と言い出しました。佐藤さんは，次からはBさんのやり方を真似しようと思いました。

### 教える側——高橋君の場合

　高橋君は，学習センターで学習グループのチューターをしています。普段は特に支援することもないのですが，今回のグループはどうもしっくりいっていないようです。そこで高橋君は学習グループの質についてアンケートを取ることにしました。グループ活動によってやらされ感を感じているか，否か。活動内容が記憶に残っているか，その頻度はどの程度か。グループ活動から学びが得られているか，その頻度はどの程度か，などです。また併せて，グループ活動への参加意図，みんなの前で恥をかくようなことがあったとしたらどうするか，どれほど心を開いているか，グループ活動に対してどれほどの信頼を持っているかについても自由に記述してもらいました。その結果，全体の問題として恥をかくことを恐れていることがわかりました。そこで高橋君はさらに，自己表現チェックリストを使って，自分自身の表現方法についての得手不得手をまず自覚してもらうことにしました。苦手を1つだけ意識しながらグループ活動に取り組もうと呼びかけるつもりです。

## 練習

1. ともに学ぶ仲間の背景として考えておくべき項目にはどのようなものがあるのか，目に見える違いと目に見えない違いに分けて列挙してみましょう。

| 目に見える違い | |
|---|---|
| 目に見えない違い | |

2. Bさんは家が商売をしており小さい頃から手伝いをし，知らない人と話すことや相手を褒めること，下手に出て自分の非を認めることは得意です。一方で，自分の考えが相手の意に反しそうだと思ってしまうと，それが正しくてよい方法だと思えることでも，伝えることができません。このような態度が原因なのか，学習グループでは調子のよいヤツと思われがちです。このようなBさんが，学習グループでうまく自己主張する方法をDESC法に沿って，特にBさんが注力すべき点を考えながら具体的な例をあげて説明してください。

| DESC法の要因 | Bさんが注力すべき点と行動例 |
|---|---|
| D（客観的に状況を描写する） | |
| E（表現する，説明する，共感する） | |
| S（特定の提案をする） | |
| C（選択する） | |

3. 当座の学び合いグループが，学習経験の要因モデルの「挑戦的な企て」を目指すとしたら何ができるでしょう。学習者個人に係る要因に基づいて個人ができることを考えてください。

| 学習者個人に係る要因名 | 個人ができること |
|---|---|
| 意図 | |
| プレゼンス | |
| 開放性 | |
| 信頼感 | |

# フィードバック

1. 以下の例を参考に,自分が作成したリストを点検してください。

| | |
|---|---|
| 目に見える違い | 身体状況(背が高い低い・太っている痩せている・肌の色や目の色)性別(不明なこともある)年齢(だいたいならわかる)服装や持ち物から推測できる範囲の趣味や車イスや杖などの使用による体験の違いなど。 |
| 目に見えない違い | 出身国,宗教,身体の特徴の一部(見えにくい,聞き取りにくいなど),性指向,性別変更など。および,それらの違いに基づく経験の違い。 |

2. 例えば,次のような例で考えてみます。

グループワークにおいて「地域貢献をテーマにした課題を1つ決めること」と言われ,みんなが意見を出し合ったところ,Cさんの「各地の名産品が各地域に与える影響を調べる」が優勢となっているとします。しかしBさんは,出題の意図は特定の地域に対する貢献のことで「各地」ではないと考えています。

| DESC法の要因 | Bさんが注力すべき点と行動例 |
|---|---|
| D(客観的に状況を描写する) | これまでの授業ノートから「地域貢献」が「この地域」に対する貢献を意味している事実を描写する。 |
| E(表現する,説明する,共感する) | Cさんの意見がいつもグループを活性化していることを述べるとよさそう。 |
| S(特定の提案をする) | そのうえで,Bさんの意見を聞いてもらう。 |
| C(選択する) | 最後に,もう一度決め直すことを,グループとして選択してもらう。グループ全体がCさんの意見を取り入れるのならBさんも考えを改める必要がある。 |

3. 以下の例を参考に,自分のアイディアを点検してください。

| 学習者個人に係る要因名 | 個人ができること |
|---|---|
| 意図 | 自分はこのグループから何を学びたいのかをしっかり意識する。 |
| プレゼンス | グループ活動に参加する。それだけでなくグループの仲間を助けるなど積極的に関わる。多少恥ずかしいことがあっても,それを隠さずにさらけ出す。 |
| 開放性 | 個人のこだわりは捨てる必要はないが,それが変化していくことを受け入れる。オープンな心で提供されたものを受け入れる。 |
| 信頼感 | グループのみんなやグループとしてできることを信頼する。途中で失敗したとしても,それをどう乗り越える可能性があるかを考えて励ます。 |

# 第7章 意見を出し合い整理する

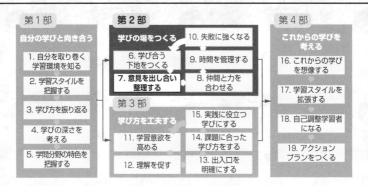

**学習目標**

1. 協同学習の技法のいくつかを試し，その特徴を説明することができる。
2. 4つの基本原則に従い，ブレインストーミングを適切に実施できる。
3. ブレインストーミングとKJ法を適切に運用し，小グループにおいて意見を出し合い整理することができる。

## 最初に考えてみよう！

☐ 大学の授業の中で，グループ活動による協同学習をする際，どのような方法を利用しているでしょうか？ 自分の授業での活動を振り返り，その方法の特徴を書き出してみましょう。

☐ その活動の結果，学びの質は，一人で学んだときと比べて何がどのように異なったでしょうか？ 各方法について自らの体験をもとに，メモ程度でよいので書いてみましょう。

あなたの書いたメモを踏まえながら，本章を読んでください。

## 協同学習の様々な技法

　大学の授業において，知識を定着し，社会において成功するためのチーム力を育成するために，協同学習が注目され実践されています。バークレイら（2009）は，様々な協同学習の技法を5種類に分類し，合計30技法を示しています（図7-1）。5種類とは，話し合いの技法，教え合いの技法，問題解決の技法，図解の技法，文書作成の技法です。図7-1にある技法の中で使ったことがある技法はありますか？　そのときの学びはどのようなものだったでしょうか？　振り返ってみましょう。

　本章では，チームにおいて，意見を出し合い整理する手法について学びます。これらの技法は，問題解決するための解決策を検討したり，既存の知識や事実

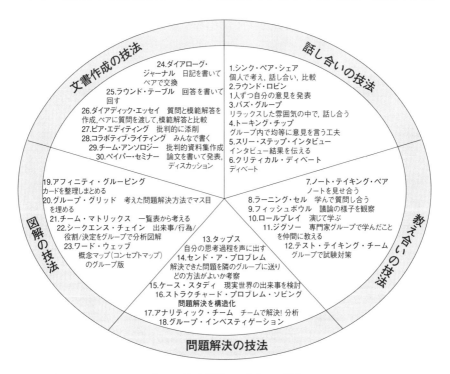

図7-1　協同学習の5分類30技法

をまとめて分類したり，体系化したり，新しい製品やサービスを提案するアイディアを創出したりといった，様々な状況において利用されています。

具体的には，意見を出し合うためのブレインストーミング法と，整理するためのKJ法を学びます。良い結論を導くにはまずは材料が必要です。自分が持っている知識や経験をもとに，様々なアイディアを材料として出すのが発散フェーズです。多くの材料が出そろった後に，目標に向けて整理していくのが収束フェーズです。以下では，発散フェーズのブレインストーミング，収束フェーズのKJ法を学んでいきます。

## 発散技法：ブレインストーミング

「ブレインストーミング」は，集団でアイディアを出し合い，相互作用の中で豊かな発想を誘発する技法で，略してブレストといわれることもあります。アレックス・オズボーンにより1950年前後につくられた造語です（Osborn, 1963）。

その考え方の核心は，批判的な意見は創造性にとって敵となる，というものです。オズボーンは，ブレインストーミングを効果的に実施するための基本原則を表7-1のように定めています。

表7-1　ブレインストーミングの基本原則

| | |
|---|---|
| 1. | **批判厳禁**：アイディアが出尽くすまで，どんなアイディアであっても善し悪しの評価を下してはならない（今は発散のとき）。 |
| 2. | **自由奔放**：アイディアは途方もないものであればあるほどよいという気持ちを持つ。実現性は気にせず，頭を柔らかく，遠慮せずにアイディアを出す。 |
| 3. | **質より量**：いきなりよいアイディアは出ない。とにかくたくさん出してみる。思いつくアイディアが多ければ多いほど，最善のアイディアが見つかる可能性が高くなる。 |
| 4. | **結合改善**：以前に出されたアイディア同士を結び合わせたり，以前のアイディアに基づく新しいアイディアを考えたりする。つまり，人のアイディアを積極的に活用する。 |

## ● ブレインストーミングの手順

ブレインストーミングの手順を表7-2に示します。

表7-2 ブレインストーミングの手順

| | |
|---|---|
| 準備編 | ・目的：ブレインストーミングの具体的な着地点を明確にする。<br>・参加者およびグルーピング方法：1つのグループの人数は4～6人程度が最適。様々なバックグラウンドを持った人が混在していることが望ましい。<br>・実施時間と場所：実施時間は1～2時間程度。場所は，できるだけ周囲の雑音を遮断でき，リラックスできる環境。ホワイトボードや壁に模造紙を貼ることができる部屋が最適である。<br>・準備するもの：<br>　アイディアを書き留めるホワイトボードや模造紙（大きな紙）<br>　マーカーペン：書いた内容が他のメンバーに読めるような太さのもの<br>　ポストイット：75mm×75mm程度以上のサイズのもの<br>　タイマー（参加者に提示できるものであればよりよい） |
| 当日編 | ・4原則を再確認：「批判厳禁」「自由奔放」「質より量」「結合改善」の4原則を再確認し，ブレインストーミングは発散フェーズであり，アイディアの量が重要であることを再確認する。4原則を壁に貼り出してもよい。<br>・本日のテーマ，終了時間，落としどころ（アウトプット）を説明。<br>・必要であればアイスブレイク活動：チーム構成員が十分に親しい関係ではないとき，お互いを知るための活動を行う。「私が今熱中していること」を紹介し合うなどのポジティブな雰囲気を醸成する内容が効果的（アイスブレイクの手法はブライアン・コール・ミラー（2015）を参照）。<br>・必要であれば簡単な練習：チーム構成員がブレインストーミングに慣れていない場合は，簡単なお題で練習する。例えば，「リンゴと言えば何を連想する？」のようなテーマで2分間，アイディアの数を競い合う。<br>　次のような連想が出てきたか。もっと多くの例が出ればなおよい。<br>　　植物，果物，赤，青，フジ，ツガル，ジョナゴールド，<br>　　アップルパイ，リンゴ飴，リンゴジャム，リンゴジュース，<br>　　白雪姫，ウィリアム・テル，ニュートン<br>　練習の後に，プロセスを振り返り，改めて4原則を再確認する。<br>・メモ：出てきたアイディアは，チームごとに書記を決めて，必ずメモを残す（要点のみでOK）。話をしたことはすぐに消えてしまうので，共有のために必ずメモを取っておく。<br>・競争：アイディア数を競うことを事前に伝えると集中できる。<br>・介入：議論が停滞したら，司会者が介入して新たな視点などを与える。 |
| 終了 | ・予定時間がきたら議論の途中であっても終了する。<br>・アイディアの数を数える。<br>・模造紙やホワイトボードの内容を写真などで記録しておく。 |

## ● ブレインストーミングの具体例

ブレインストーミングの具体例を見てみましょう。ここで設定したゴールは，「『親指』の特徴について 400 ～ 600 字程度の文章にまとめる」ことでした（樺島，2002）。ブレインストーミングで，表 7-3 のような特徴が出されました。様々な視点から，多くの例が出てきていることがわかります。

表7-3 「親指」についてのブレインストーミング（リスト）

| | |
|---|---|
| ・短くて太い<br>・他の指は 4 本並んでいるが，親指は他から離れている少数派<br>・他の指は指輪をはめるが，親指には指輪をはめることはない<br>・後ろを指すときに使う<br>・他の指と 4 対 1 でものをつかむ役をする<br>・携帯電話のメールを入力する<br>・人間やチンパンジーが道具を使う動物であるのも親指が他の指から離れているから<br>・イヌ，ネコ，ウマなどは，ものを握ることができない<br>・「孫の手」では，指が 1 対 4 に分かれていない<br>・「孫の手」は背中を掻く用途以外にはあまり使えない<br>・霊柩車に出会ったら，親指を隠して握る習慣がある | ・他の指から離れている<br>・他の指から独立させて使うことができる<br>・他の指と比べると一番力が強い<br>・押しピンを押すときに使う<br>・試験管やビンを洗うときに，ふたの役を務める<br>・ボスを表す役をする<br>・拇印を押すときに使う<br>・人間が技術を発展させるために親指が重要な役割を果たした<br>・親指は，父親を表す<br>・親指を表す漢字は，「拇」と書くから母親かもしれない<br>・手のひらの形をしているものに背中がかゆいときに使う「孫の手」がある<br>・英語では「サム」と言い，「フィンガー」とは言わない |

## 収束技法：KJ 法

ブレインストーミングでアイディアを発散させた後は，たくさん出たアイディアを収束させて，絞っていかなければなりません。収束のために使われる手法が KJ 法です。KJ 法は，東京工業大学川喜田二郎名誉教授が発明した手法です（川喜田，1967，1970）。KJ という名称は，考案者のイニシャルです。

KJ 法では，各アイディアをカードに記述し，カードを何らかの基準に基づいてグループごとにまとめ，空間的に配置し，まとまったカード群を総称する名

称(ラベル)をつけ,それらの関係性を記述(図解)し,まとめていきます。協同作業でよく使われますが,個人での作業にもよく用いられます。例えば,個人でのレポート執筆構想を練るような場合です。

　川喜田は,フィールドワークによって得られた膨大な観察結果を整理することを目的として,KJ法を発明しました。したがって,KJ法は,一見してあまり関連性が見られないような情報をグルーピングしつつ,その過程で新たなアイディアや思考のヒントを得ることができるという特徴があります。そのため,ブレインストーミングによりたくさん出たアイディアを整理するのに適しており,ブレインストーミングとKJ法がセットで利用されることが多くあります。

● **KJ法の手順**

　KJ法の進め方を図7-2に示します。

| | |
|---|---|
| 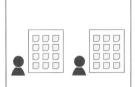 | 1. カードに1アイディアのみ記述<br>　ブレインストーミングで出されたアイディアを一つひとつ見直し,1つのカードに1つのアイディアのみを記述するようにします。1枚に複数のアイディアが含まれていると感じた場合には,複数のカードに分割して記入します。このときのカードは,ポストイットなどの粘着性のあるものを用いると便利です。なお,カードにアイディアを記入する際には,後から見たときに何のことかわかるように,単語のみとはせず,具体的なわかりやすい文章で記入することが重要です。 |
| 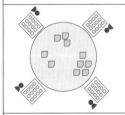 | 2. ランダム貼り付け<br>　記入したカードを,ホワイトボードや模造紙にランダムに貼り付けます。1人ずつ,カードを読み,用紙のどこかに貼ります。出されたカードに対し,意味が近いカードがあれば,そのそばに読みながら貼っていきます。意味で分類することが大切です。近いものがなければ,順に次の人がカードを出していきます。 |
| 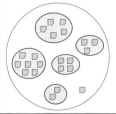 | 3. グループ編成<br>　このステップ3がKJ法の最も重要なステップです。ステップ2において広げたすべてのポストイットをざっと目を通し意味や文脈が近いカードを重ねます。まずは2〜3枚の小グループにまとめて重ねましょう。すべてのカードを無理して重ねる必要はありません。1枚のみのカードも重要な役割を持つかもしれませんから。 |

| | |
|---|---|
| 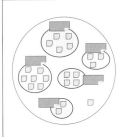 | 4. グループ見出し<br>　各グループに見出しを書いたカードを貼ります。見出しカードであることがわかるように，アイディアカードと色が異なるカードを用いるとよいでしょう。見出しは，単語である必要はありません。グループ全体の意味をよく言い表したものにしてください。<br>　すべての見出しをつけ終わったら，全体を見直しましょう。小グループの中で近いものをまとめていき，新たに見出しをつけましょう。これを繰り返し，徐々に大きなグループにまとめていきます。 |
| 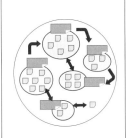 | 5. 図解化（KJ法A型）を行います<br>　ステップ5では，大きなグループを並べ替えて，関係性を記述していきます。まず，ステップ4でできた大グループの位置関係を見直し，意味が近いものは近くに並び替えます。<br>　大グループの中で共通するものいくつかをサークルで囲み，3〜4個程度の大きな島を作ります。そして，各島にも見出しをつけます。見出しは，新しいカードを用いてもよいですし，模造紙やホワイトボードに書き込んでしまってもかまいません。大きな島や大グループを線や矢印で結び，どういう相関性があるかを線や矢印のところに記述しましょう。相関性の例としては，次のようなものがあります。「関係あり」「原因」「結果」「類似」「反対」など。 |

6. 文書化（KJ法B型）を行います
　最後にステップ5の結果を基に，全体の関係性を文章化します。ブレインストーミングにKJ法を組み合わせて実施する場合，ステップ5までで終えてしまう場合がありますが，ぜひステップ6まで実施しましょう。
　お互い因果関係で結ばれているものを中心に，文章化して書き出していきます。「〜だから〜」「〜なので〜」などの接続詞でつなげるなど，試行錯誤しながら文章をつくっていきます。最後に完成した文章がKJ法のアウトプットとして，新たなアイディアそのものやきっかけになります。

図7-2　KJ法の進め方

## ● KJ法の具体例

　ブレインストーミングで出した「親指」の特徴について，KJ法を用いてまとめてみた結果，表7-4のような見出しと分類が得られました。ここから，最終的にどのような骨子を持った文章にするのかを考えなければなりません。表7-3からは，「人間が技術を発展させるために，親指が重要な役割を果たしている」を骨子にできそうです。

次の3つのトピックセンテンスがみえてきました。
1. 他の指はスマートなのに親指は不細工である
2. 親指は力仕事など，ありがたくない仕事を引き受けている
3. しかし，現代社会が機械化されているのは親指の働きがあったからだ

表7-4 「親指」についてKJ法でまとめた見出しと分類

| 親指の形と特徴 | ・短くて太い<br>・他の指から離れている<br>・他の指は4本並んでいるが，親指は他から離れている少数派<br>・他の指から独立させて使うことができる<br>・他の指と比べると一番力が強い<br>・他の指は指輪をはめるが，親指には指輪をはめることはない |
|---|---|
| 親指はどんな仕事をするか | ・押しピンを押すときに使う<br>・試験管やビンを洗うときに，ふたの役を務める<br>・後ろを指すときに使う<br>・他の指と4対1でものをつかむ役をする<br>・ボスを表す役をする<br>・携帯電話のメールを入力する<br>・拇印を押すときに使う |
| どんな意味を持っているのか | ・人間やチンパンジーが道具を使えるのも親指が他の指から離れているから<br>・イヌ，ネコ，ウマなどは，ものを握ることができない<br>・人間が技術を発展させるために親指が重要な役割を果たした |
| 何にたとえることができるか | ・親指は，父親を表す<br>・親指を表す漢字は，「拇」と書くから母親かもしれない |
| その他親指から思いつくこと | ・手のひらの形をしているものに背中がかゆいときに使う「孫の手」がある<br>・「孫の手」では，指が1対4に分かれていない<br>・「孫の手」は背中を掻く用途以外にはあまり使えない<br>・英語では「サム」と言い，「フィンガー」とは言わない<br>・霊柩車に出会ったら，親指を隠して握る習慣がある |

## もう一度考えてみよう！

協同学習では，いろいろな人と学習目標の達成に向けて活動をすることになります。グループの構成員が初対面の人が多いとき，活発で効果的なグループ活動をするためには，どのように工夫するとよいでしょうか。

**事例**

 学ぶ側―佐藤さんの場合

　佐藤さんは，1年生の必修科目「プロジェクト」の授業で，協同学習を行っています。グループメンバーは4人で初対面です。プロジェクトのテーマは「大学のブランド力を上げるにはどうすればよいか」というもので，1か月後にはグループごとに提案をまとめ，プレゼンテーションをしなければなりません。実際に議論を始めると，なかなか意見が出てこず，時間だけが無駄に過ぎているような気がしました。そこで，どうすれば生産的な議論ができるかをチューターに相談し，ブレインストーミングとKJ法を試してみることにしました。

　ブレインストーミングの4原則を確認して，発散フェーズによりアイディアをたくさん出しました。そして，KJ法によりアイディアを収束し，グループとして「大学のブランド力を上げるための提案」をまとめることに成功しました。この方法は，通常の授業や様々な場面で活用できそうだと思いました。

 教える側―高橋君の場合

　高橋君がチューターをやっている学習センターには，様々な相談があります。今日は1年生が相談に来ました。彼女は，「授業でグループ課題が出て，自由課題の研究テーマを決めなければなりません。高校時代に一度だけやったことがあるブレインストーミングを試してみたけど，アイディアが出てこない，何が問題なのでしょう」というものです。

　高橋君は，ブレインストーミングの4原則を説明し，どうすればこの4原則がグループの中で守られるようになるか考えさせました。その結果，このグループはこの4原則を大きく手書きし，グループ活動を行う部屋のよく見える場所に必ず掲げるようにしました。その後，高橋君は実際のブレインストーミングを見学しました。すると，4原則は大きく掲げられ，それらが比較的よく守られていることを確認できました。

## 練習

1. 図7-1に示した協同学習の方法について，興味を持った技法について調べて，仲間と一緒に試してみましょう。5種類について最低1技法ずつ実践してみてその効果をまとめてみましょう。

2. 4人程度のグループを組み，ブレインストーミングのウォーミングアップをしてみましょう。

    左の図を見て，何を思い浮かべますか？　できるだけ多く連想してみましょう。（制限時間2分）
   注：図は樺島・佐竹（1978）による

3. ブレインストーミングの簡単な実習をしてみましょう。4人程度のグループを組んで，A3サイズの用紙を2枚つなげたもの（つまり，A2サイズの用紙）と人数分のマーカーを用意してください。まず，主に書く人を決めましょう。その人も発言することはできますが，他の人の発言からアイディアを漏らさず記入してください。書いていると発言しにくいので，時間が半分程度過ぎたら別の人に代わりましょう。準備はできましたか。

   A) 問いは，「靴の機能は何？」です。制限時間は2分です。スタートしましょう。2分でどの程度の数のアイディアが出たでしょうか。
   B) ブレインストーミングのアイディア出しの課程において，批判厳禁，自由奔放，質より量，結合改善の4原則はどのように働いていたでしょうか。それぞれまとめてください。

4. KJ法の練習をしてみましょう。3.で出てきた「靴の機能は何？」のアイディアを，KJ法により分類してみましょう。

## フィードバック

1. 以下の回答例を参考に自分たちで試みた技法について振り返ってください。

   回答例
   (a)「話し合いの技法」の中から、「シンク・ペア・シェア」を試してみました。友人と2人で、その日の授業で習ったキーワードをお互いに説明し合いました。相手に説明することにより、曖昧に理解している部分が明確になりました。また、友人の説明を聞くと、キーワードの意味を自分とは違う視点で捉えていたので興味深かったです。
   (b)「教え合いの技法」の中から、「ノート・テイキング・ペア」を試してみました。友人とノートを見せ合い、お互いのノートの記述の不十分なところを補い合いました。授業を一生懸命聞いていたつもりでしたが、聞き逃していたところや間違って解釈していたところがありました。よりよいノートに改善することができ、授業の理解も進みました。
   (c)「問題解決の技法」の中から、「タップス」を試してみました。今日の統計学の授業で、回帰分析を練習する課題2問が出されました。友人とペアになり、最初の問題は、私が解答過程を声に出しながら解いていきました。解答過程を声に出して考えていくことは慣れていないので最初は難しかったですが、話すことで解法に気づくこともあり、問題を解くうえでの疑問点が明確になっていきました。2問目は聞き手になりました。他人の思考過程を聞くことはとても興味深く、自分が持っていなかった新しい考え方に気づくことができました。
   (d)「図解の技法」では、「アフィニティ・グルーピング」を、本章で習ったブレインストーミングとKJ法により試してみました。ブレインストーミングでは、最初はアイディアを出すのは難しかったですが、他の人が出してくれたアイディアを参考に新しいアイディアを出すことができました。チームの相乗効果を感じました。KJ法でのまとめでは、グループに分類されなかった1つのアイディアがとてもユニークで、最後のまとめで役に立ちました。グルーピングされるものばかりがよいアイディアとは限らないことも学びました。
   (e)「文書作成の技法」では、「ピア・エディティング」を試してみました。文系教養科目の授業で出された小論文について、友人の文章を添削してみました。しかし、人の文章を添削することは初めてであったため、うまく行うことができませんでした。文章のどのような点に注目して、建設的なコメントを返したらよいのかわからなかったからです。今まで、小論文の書き方について習ってこなかったので、論理的な文章の書き方についての授業を履修して学びたいと思いました。

2. 串だんご，じゅずの一部，指輪，柄の方向からながめたうちわ，両手を広げた人間を上から見たところ，ボタン穴とボタン，アイパッチなどいくつくらい出ましたか。
   注：例は樺島・佐竹（1978）による

3. A)「靴の機能」について，簡単なブレインストーミングを練習して2分間でどの程度の数のアイディアが出ましたか。20個以上あれば上出来です。例としては，次のようなものが考えられます。

   **回答例**

   > かっこよく見せる，背を高く見せる，かわいく見せる，美しく見せる，トラッドに見せる，金持ちに見せる，こだわり感を出す，足が汚れない，速く走れる，険しい道でも歩ける，長く走っても負担にならない，足が蒸れない，通気性がある，ものが落ちてきても足は守られる，足が濡れない，長く立っていても疲れない，カーブボールが蹴りやすい，路面が濡れていても滑らない，芝生の上で滑らない，土のグラウンドで滑らない，雨でぬかるんだグラウンドで滑らない，体育館でも滑らない，足のアーチをサポートする，正しい歩き方をサポートする，修理できる，物入れになる，クリスマスのお菓子を入れるための長靴，靴の形をしたビールジョッキ，捻挫しにくい，シンデレラを見分ける，など。

   B) 批判厳禁：アイディアが出尽くすまで，どんなアイディアであっても善し悪しの評価をしなかったでしょうか？
   自由奔放：アイディアは途方もないものであればあるほどよいという気持ちを持ったでしょうか？ これは意味がないのではないかと考え，アイディア出しを躊躇したことはありましたか？
   質より量：アイディアの善し悪しを考えず，とにかくたくさん出すことに専念できたでしょうか？
   結合改善：以前に出されたアイディアを積極的に活用して，新しいアイディアを考えることができたでしょうか？

4. ブレインストーミングで出てきたアイディアを分類して，靴の機能を整理できたでしょうか？ ファッション性，足の保護，身体機能の向上，身体の固定，花やお菓子などの入れ物，コップなどの食器など様々ありますね。

# 第8章 仲間と力を合わせる

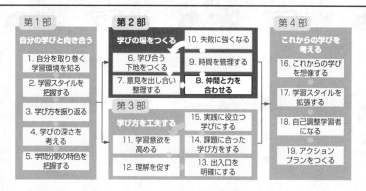

**学習目標**

1. 協同学習が重要な理由を説明できる。
2. 協同学習の進め方についてのアドバイスを日常生活に応用できる。
3. 自身がかかわるグループ活動において、協同学習のグランドルールを提案できる。

## 最初に考えてみよう！

大学の授業の中で、仲間と協同して学習をすることがあります。以下について自分の考えをメモとして書き出してみましょう。
□ 協同学習をする際、どのようなことに注意していますか？
□ うまくいくことやいかないこと、それにはどのような共通点がありますか？
□ 協同学習はなぜ必要か、どんなメリットがあるか、またそのメリットを達成するためにどのようなことに注意する必要がありますか？
あなたの書いたメモを踏まえながら、本章を読んでください。

<br>
## 仲間と力を合わせる学習とは

　一人で学習する場合，早く終わる人もいれば，時間がかかってしまう人，目的が達成できない人など，様々な人がいます。人は，能力の高い・低いに関係なく，様々なことを経験し，学んできています。人にはそれぞれ得手不得手があるので，みんなの力と知恵を合わせることで，より難しい問題や課題に向き合うことができます。社会で良い仕事とされているものがそうであるように，個性ある仲間たちやチームで，協調，協同し合うことで，質の高い学習が生まれます。個人に閉じることなく，互いに切磋琢磨することが大切です。自身の考えを表現し，仲間と対話することで，アイディアはさらに洗練されていくことでしょう。アフリカのことわざに，「早く行きたいならば一人で行け。遠くに行きたいならば仲間と行け」というのがあるそうです。このことわざは，より深く学ぶためにはみんなと一緒に学ぶ必要があることを表しているのかもしれません。

　本章では，仲間と力を合わせて学習できるようになることを目的として，「協同して学習を行うこととは，どのようなことか」，「仲間とのコミュニケーションはどのように構築するか」などを学びます。

<br>
## 協同学習が大切な理由

　みなさんの中には，なぜわざわざ一緒に協同して学習するのかを疑問に感じている人がいるかもしれません。一人で考えるほうが好きな人もいるでしょう。好みは人それぞれですが，近年では，この協同学習が注目され，多くの授業で実践されるようになりました。それは，なぜでしょうか？

　加藤と望月（2016）は，そこには2つの理由があるとしています。1つは，社会的ニーズの変化です。急速な情報化社会の進展によって，百科事典的な内容であれば，インターネットで取得可能になりました。いわゆる，「物知り」的な知性の価値が相対的に下がり，構造化されていない問題を解決する能力，情報を正しく活用・発信する能力，価値を創造する能力，他者と協力して相乗効果

を上げる能力などの価値が高まっていることです。もう1つは，学習観自体の変化です。学習観とは「学ぶこと」をどういうものとして捉えるかについての考え方です。知識構築過程における他者との相互作用を重視するという考え方から，学習という事象そのものが社会的に構築される現象であるという考え方まで，学習観には幅があります。そこには共通して，学習を社会的な過程として捉える流れがあります。

本章では，主に次の2つの理由から協同学習を重視し，協同学習「も」必要であるという立場をとっています。

## ● コミュニケーションスキル習得の機会

近年，仕事をするうえで一人ではできない規模の仕事や正解のない課題に取り組む場合が多く，他者と協同し，そういった問題に対峙できるかどうかが重要になってきています。他者と関わると面倒で自分でやったほうが早いと思う人がいるかもしれませんが，他者の力を借りないとやっていけなくなる場面が増えているのです。また，自分自身の能力が十分に高かったとしても，さらに能力の高い人や，いろいろな経験をしている人と協同することによって，さらに良いアイディアが生まれるでしょう。

「企業に必要な人材とは？」と企業の人に聞くと，「コミュニケーションスキルは必須」という声がよくあがります。組織内のすべての構成員が，分担して仕事をしていくわけですから，当然のことです。これは研究活動でも同様です。協同学習を通して，他者と協力していく方法を体験的に学び，あわせて人的なネットワークを増やしていければと考えます。

## ● 授業内容に関する学びを深める機会

学習科学は，学習を科学的に研究している分野ですが，そこでは思考過程の「外化と明示化」を重視しています（ソーヤー，2009）。外化とは自分の考えを頭の外に出すことです。思考過程を外化し明示化したほうが，すばやく深く学べるといわれています。他者と情報交換をするためには，自分の考えや知識などを外に出していく必要があります。外化することによって，自分の知識不足や，頭の中でうまく整理できていなかったことに気づいたり，他者から指摘を受け

ることで間違いを把握したりすることができます。他者と接することで，自分を客観的に見ることができてきて，やがて振り返りにつながります。さらに他者の意見から新しい気づきを得られたり，お互いの意見を融合したりして，自分の限界を超えた新たな発想が生まれるかもしれません。つまり，思考を頭の外に出すことは，他者のためにもなりますが，自分のためにもなるのです。

各自が何も考えずに協同学習に参加するのではなく，これらのような協同学習の意義を踏まえながら，積極的に参加してほしいものです。

 ## 協同学習をうまく進めるには

### ● 協同学習の特徴

表 8-1 に示すのは協同学習の特徴です。協同学習となるグループ活動をうまく進めるためには，これらの特徴をまず意識することが大切です。

表 8-1　協同学習の特徴

- 目標がある（目標設定）
- 各自に役割がある（役割分担，例えばリーダーなど）
- 助け合う（相互援助）
- 話し合う（議論，合意形成，発言，傾聴）
- 作業がある（協同作業，個別作業）
- 共有する（情報共有，資源共有）
- 締め切りがある（スケジューリング）
- 主体性が問われる（責任）

ただやみくもに協同学習に参加してもうまくいくとは限りません。間違いなく言えることは，グループ内の学習者が協力し合わないと，活動自体がうまくいかないということです。協力しないでグループの恩恵だけを得る人や，自分の意見を全く言わないのにメンバーとして名前だけ入っている人のことをフリーライダー（ただ乗り）と呼びます。グループ活動を行う際，フリーライダーにならないようにすることが必要です。しかしながら，たとえ全員が協力への高い意識を持っていたとしても，グループ活動がうまくいかないこともあります。

## ● グループの成長段階

グループには表 8-2 に示すような成長の段階があるといわれています（タンブリン・ウォード，2009）。グループの形成段階においては，不安が大きくメンバーがお互いに探り合いながら進めることになりますが，徐々にお互いのことがわかってきて，議論などが進むようになります。グループ活動がうまくいかなかったからといって，このグループは無理と諦めるのではなく，グループの成長過程と捉えて，よりよくする方法を考えていきましょう。

表 8-2　グループの成長の段階

| 第1段階「形成」 | メンバーは不安や心配が大きい。方向性などを探る。 |
|---|---|
| 第2段階「葛藤」 | 役割や手続きがはっきりしてくる。議論などがかみ合ってくる。多少の不安が残っている。 |
| 第3段階「統一」 | 活動方法が確立し，生産的な行動や連帯感を持ちはじめる。 |
| 第4段階「実行」 | 作業に集中する。目標に目が向いていて生産的になる。

出典：タンブリン・ウォード，2009

上記の成長はあくまでも段階を示しているだけです。どんなグループでも成果を生むかどうかはグループのあり方次第であるともいわれています（ジョンソンら，2010）。例えば，メンバーが単に一緒にいるだけでお互いに関心を持っていない場合を「見せかけの学習グループ」と呼びます。

## ● 議論の段階：発散から収束へ

協同学習の様々な技法については，第 6 章で紹介しました。ここでは協同学習の中心的な活動の 1 つである議論について，その流れを確認しましょう。みんなで話し合い，アイディアを出し合うことは，よりよい結論を導きます。そこで重要になってくるのが，発散と収束という考え方です。第 7 章では発散の代表的な技法としてブレインストーミング，収束の代表的な技法として KJ 法を学びました。発散から収束へとステップを順序よく踏んでいくことで，議論がうまく進みます。

議論の流れのイメージを図 8-1 に示します。議論は，まず認識合わせから始まり，目標や状況を確認します（この段階を省略することもあります）。次にテーマについて，まだ出てきていない新しい意見や異なる視点を述べたり（広げ

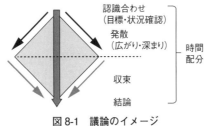

図 8-1　議論のイメージ

る），出てきた意見をさらに掘り下げたり（深める）します。その後，ある程度発散した段階で，意見を収束させていく作業（まとめていく作業）を行います。もちろん発散させたり収束させたりが繰り返し行われることもあります。

　発散と収束は時間配分のバランスが重要です。発散しなければ深まりませんし，収束しなければまとまりません。よくある失敗を以下に示します。

- 発散しない：1つの意見だけで満足してしまう。努力不足，協力不足など。
- 収束しない：発散しすぎてまとまらずに時間切れになる。目標や時間配分の欠如。対立の回避など。
- 発散して収束しても方向が違う：目標を見据えていない。目標がそもそも違う。
- 話し合いがかみ合わない：お互いの議論がずれている。言葉の定義や背景のずれなど。

　特にうまくいっていないときは，お互いが同じ方向を向いているか，言葉を同じ意味で用いているかを確認するとよいでしょう。

## グループ活動のグランドルールをつくろう

　グループで活動するには，みんなが共通して守るべきルールを設定・共有しておいたほうが，議論がスムーズになり，生産的な活動ができます。これをグランドルール（ground rule）と呼びます。以下で述べる協同学習の原則を踏まえながら，それぞれのグループでグランドルールを設定しましょう。

## ● 協同学習の原則

協同的な学びをうまく機能させるために，バークレイら（2009）は，5つの基本的構成要素をまとめています（表8-3）。

表8-3 協同的な学びがうまく機能するための5つの基本的構成要素

| | |
|---|---|
| 肯定的相互依存 | 個人の成功はグループの成功と結びついている。グループが成功すると個人も成功する。学生はグループ目標を達成するためにお互い助け合うことに動機づけられている。 |
| 促進的相互交流 | 学生はお互い積極的に助け合うことを期待されている。メンバーは学習資源を共有し，学ぶためにお互いの努力を認め，励まし合う。 |
| 個人と集団の責任 | グループはその目的達成に責任がある。メンバーはグループ活動に貢献する責任がある。個人は個別にも評価される。 |
| 集団作業スキルの発達 | 学生は専門的な内容（学習課題）を学ぶことを求められている。同時に，グループのメンバーとしてうまく活動するために必要とされる対人関係スキルや小集団スキル（チームワーク）も獲得することが求められている。これらのチームワークに必要なスキルは「アカデミックなスキルと同様，意図的に正しく」教えられなければならない。 |
| グループの改善手続き | 学生はグループの成果を評価することを学ぶ必要がある。メンバーのどの行為がグループに役立ち，どの行為が役立たないのか明らかにし，どの行為を続け，どの行為を変えるべきか明確にする必要がある。 |

出典：バークレイら，2009，p.8 を表形式まとめた

　自分がグループなどに入って協同学習を行う際，この5つの要素を意識し，確認し合うことが重要です。構成員一人ひとりが，どのように協同学習に貢献すればよいのかを考えておく必要があります。協同学習には，目標があります。その目標が何なのかをよく考え，定義しましょう。互恵的な協力関係として，自分だけが成功するということよりも，グループ全体が成功するために考え，自分がグループにどのように貢献できるかを考えて行動するようにしましょう。そのうえで，実際の活動を展開していきましょう。それぞれが独立しているようでいて，すべてが協同学習の学びがうまくいくように有機的に関係しているのがグループの理想的な姿といえるでしょう。

## ● 協同学習のルールとアドバイス

　協同的な学びに関する文献（例えば，ジョンソンら，2010 や，バークレイら，2009）を参考にしながら，みなさんが協同学習をうまく行っていくために最低限守るべき原則を表 8-4 にまとめました。これはみなさんに授業などで実行してほしいと思っている原則です。これらを参考にして，自分たちなりのグランドルールをつくっていきましょう。

　これを出発点として検討し，残すべきものは何か，加えるべきものは何かを話し合い，自分たちのグループとしてグランドルールの案を作成します。そのあとで，グループ活動をやる中で時折，このグランドルールでよいかを振り返り，必要に応じて修正していくとよいでしょう。グランドルールを作成・修正するプロセスの中で，今のグループ活動の特徴や協同学習とは何かについての理解も深まるでしょう。

**表 8-4　協同学習をうまく行うための原則**

①目標に向かって全員が協力し合う
　全員が当事者意識(責任感)を持つ。ただ乗りしない。グループは目標達成に責任があり，個人は活動への貢献に責任がある。
②相手の意見（考え）を尊重する
　人の話は積極的に聞く(傾聴する)。多様な価値観を受け入れる。頭ごなしに否定しない。人格と意見は切り分ける。お互いが平等である。
③対立を歓迎する
　目標に向けて努力すれば対立する。感情的ではなく建設的に進める。反対意見にはむしろ感謝する。新たな深まり・気づきのチャンスと捉える。
④活動を振り返り改善していく
　活動を振り返りながら，よりよいものにしていく。向上心を持つ。活動中に調整をしていければなおよい。

出典：ジョンソンら，2010；バークレイら，2009 を参考に作成

### もう一度考えてみよう！

協同学習を行うとき，いろいろな人と，学習目標の達成に向けて活動をすることになります。自分やグループは，どのような性格ですか，そしてどのように進めていくのがよいでしょうか。

**事例**

 学ぶ側——佐藤さんの場合

　佐藤さんは，1年生の必修科目「プロジェクト」の授業で，協同学習を行っています。グループのみんなともキャンパス内で会ったら挨拶をしたり，連絡先を交換したりと仲良くなっていると考えていました。しかし，実際に授業の中で学習目標を達成するための議論になると，議論が収束せず，このままでは成果物を提出できないと焦っています。そうならないために，グループのみんなでグランドルールを作ろうと授業外で集まり，話し合うことにしました。

　「①目標に向かって全員が協力し合う，②相手の意見（考え）を尊重する，③対立を歓迎する，④活動を振り返り改善していく」という内容は，全員が同意していると思っていましたが，どうやってグループ活動に貢献するかを，話し合っていないことがわかりました。そこで，個々人の得意な分野を中心に，役割をつくって積極的に貢献するということを決めました。

 教える側——高橋君の場合

　高橋君がチューターをやっている学習センターには，様々な相談があります。今日は教職課程を履修する3年生が相談に来ました。彼女は，「授業でグループ学習をするのだけど，私は成績が良いのに，成績が悪い人と一緒に活動するのはいやだ。私だけが損してしまう」というのです。高橋君は，「協同的な学びがうまく機能するための5つの基本的構成要素」を思い出し，彼女に「グループの目標だとか，各人の役割については話し合った？」と質問しました。すると，そういう話し合いはしていないといいます。

　高橋君は，5つの基本構成要素を丁寧に説明し，彼女の役割や，グループの目標を整理することを勧めました。数日後に，彼女から話を聞くと，最初はみんな何をしてよいかわからず，黙っていたそうですが，彼女が口火を切ったことをきっかけに，今では，お互いを尊重し，いろいろな議論ができていて，彼女自身の学びにもなっていることがわかりました。協同学習を楽しんでいるようで，高橋君もうれしくなりました。

## 練習

1. 本章で学んだ,協同学習は,どのような場面で活用できるでしょうか？ 第7章「意見を出し合い整理する」では,いろいろな技法を学びました。これらの技法を使った経験も含めて,これまで行った協同学習について振り返ってみましょう。下の表を使って整理してみてください。

| 整理のポイント | 整理した内容 |
| --- | --- |
| どんな協同学習だったか<br>(その目的・内容・方法など) | |
| うまくいった点は何か | |
| あまりうまくいかなかった点は何か | |
| 次のチャンスがあるとすれば何をどう改善したらよいと思うか | |

2. 協同学習の進行役になりました。どのようなことに気をつけて,協同学習を進めていくのがよいでしょうか？ 本章で学んだことを振り返って,自分なりの注意点リストを作成しましょう。

3. 事例のページで佐藤さんは,グランドルールつくりに取り組んだようです。あなた自身のこれまでの経験を踏まえて,あなたならば協同学習をうまく行うための原則に,どんなルールを加えますか？ 新しく始まるグループ活動に向けて,自分たちのグランドルールをつくるためにあなたは何を提案したいかを考えて,その理由とともに書いてみましょう。

| 提案したいグランドルール | その理由 |
| --- | --- |
| | |
| | |

## フィードバック

1. 「どのような協同学習だったか」では，仲間と力を合わせる学習として，どのような学習が行われたかを客観的に眺めてみましょう。第7章では協同学習の技法について，本章では仲間と力を合わせるメリットについて学びました。この2つの章を総合して，協同学習の技法を試し，想定していた目的，内容，方法が達成できたかを確認することが重要です。「うまくいった点」や「あまりうまくいかなかった点」をまとめ，グループ内で意見を出し合い，学習方法を意識化し，今後の目標を立ててみましょう。振り返りを行い，改善点を考え，次に活かすのもよい行動です。こういった習慣をつけていきましょう。

2. リストに含むべき内容として，①グループ活動ができる環境をつくる。②グループ活動の目標を明確にし，全員で共有してから活動をスタートする。③活動の目標に照らし合わせ，脱線しすぎたときはもとに戻す。④管理した時間を適宜知らせる，などがあります。新たなルールは，このリストに含まれていないかを確認し，含まれていないなら，本当に必要かを議論しましょう。また，グループで活動（議論）をする際に，メンバー各自で考える時間を設け，それを持ち寄って活動をした方が議論は活性化し，時間管理が容易になります。進行役だからといって，自分の意見を言わないフリーライダーにならないようにしましょう。貢献の仕方や，やれることの得意不得意は人それぞれです。一人ひとりに目を配り，それぞれが何をできるかを考え，進行していきましょう。

3. すでにあるグランドルールの4項目と齟齬のないものになっているかを確認しましょう。新たに加えたルールがグループ活動をより良くするために不可欠なものになるかを考えてみましょう。例えば，「時間を大切にする」というルールを考えれば，その内容には，「時間内に成果物を完成させる」や「話を最後まで聞く」，「全員に発言の機会を設ける」などもあります。限られた時間を，どのように活かすかを議論するきっかけにもなるでしょう。他のルールとして，「対等な関係を保つグループにする」なども考えられます。グループメンバーが複数の学年にまたがっている際，上級生が活動をまとめてしまいがちです。それでは新たな学びが参加者の中に生まれてきません。そこで，「ニックネームで呼び合う」や「失敗について率直に話し合う」なども考えられます。

# 第9章 時間を管理する

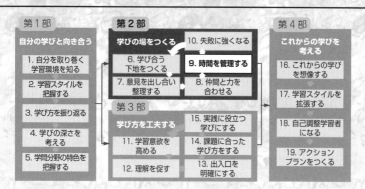

学習目標
1. 学習目標を達成するためのタイムマネジメントをうまく行うための方法を例示できる。
2. 「必要な時間を減らす工夫」「費やす時間を増やす工夫」について例をあげて説明できる。
3. 締め切りを意識したうえで,できばえをよくするための方法を,例示しながら説明できる。

## 最初に考えてみよう!

スケジュール帳を手元に用意しましょう。
□あなたのスケジュール帳に書かれているのは次のうちのどれですか?
　①授業や研修の受講の日時
　②誰かと会う約束
　③課題などの締め切り日時
　④作業をするために確保した時間
書き込まれている情報を確かめながら,本章を読んでください。

**目標達成のための時間を配分する**

### ● 予定ではなく時間を管理する

　授業にアルバイト，サークル活動に課外活動。私たちの生活は予定でいっぱいです。寝坊して授業に遅れたり，約束を忘れてしまったりすると，「しまった！」と後悔する羽目に陥る一方，1日のスケジュールがこなせると「やった！」と達成感を味わうことができます。

　スケジュール帳に書き込む予定は，授業や誰かと会う約束など，他人と過ごす時間が多いでしょう。けれども，これらの予定だけを管理することは危険です。なぜなら，課題に取り組んだり，レポートを書いたり，学習目標を達成するためには，一人で考えて，表現する時間を確保しておく必要があるからです。つまり，授業などの他人と過ごす予定（時間）と，一人で作業をする時間とを，優先順位をつけてうまく配分することが重要なのです。これがタイムマネジメント（時間管理・時間配分）の基本です。

### ● タイムマネジメント度をチェックしてみよう！

　表9-1を使って，各項目に「1（めったにない）2（ときどきある）3（よくある）4（いつもある）」の4段階で点数をつけてみましょう。

**表9-1　タイムマネジメント度チェックリスト**

| | チェック項目 | 得点 |
|---|---|---|
| A | 課題の締め切りをきちんと覚えている | |
| B | 毎晩十分な睡眠をとっている | |
| C | 課題，テストの日時，約束事，打ち合わせ，アルバイトの時間などをわかるように書いている | |
| D | 授業の開始と終わりや試験期間など，学年暦の重要な部分を把握している | |
| E | 勉強中に休憩をとったらすぐにまた勉強に戻れる | |
| F | 毎日達成すべきことに優先順位をつけている | |
| G | 授業の場所と時間，食事や運動や雑用の時間，アルバイト時間や勉強のための空き時間を把握している | |
| H | 課題を始めれば，終わりまでやる | |

| I | 授業を受けるうえでの責任（守るべきこと）と要件（満たすべきこと）を混同しない | |
|---|---|---|
| J | 課題やレポートやプロジェクトは時間内に完了させる | |
| K | 自分で自分の時間を管理できていると感じている | |
| L | 学業の要求と個人の責務と娯楽のバランスをうまくとっている | |
| | 合計 | |

出典：Lipsky，2011 を意訳した

　いかがでしたか。36 点以上でタイムマネジメントが問題なくできている，23 点以下はぜんぜんできていない，その中間があと一歩だそうです。

 **タイムマネジメントをうまく行うためのヒント**

　小学校，中学校，高校，大学と進むにつれて，求められる自律度が増します。小学生ならば寝坊をして遅刻しても，「親がちゃんと起こしてくれなかったから」という言い訳が通じるかもしれません。しかし高校生，大学生ともなれば，そんな責任転嫁は許されません。また同時に，時間管理の自由度も上がります。アルバイトを入れすぎてレポート作成の時間が十分にとれず，できばえが悪くて単位を落としてしまったら，それは本人の時間管理のまずさのせいです。社会に出るとさらに厳しい時間管理が求められます。ですから，早いうちに時間管理の上手な方法を身につけておくことが重要です。表 9-2 に時間をうまく配分するためのいくつかのヒントを紹介します。

表 9-2　時間をうまく配分するためのヒント

| 予定を書き出す | 授業や友人と会う約束，課題に費やす時間などの予定を書き出す。これら予定の開始・終了時刻を明確にし，時間枠のあるひとまとまりの予定として認識できるように書く。レポート作成ならば，情報収集時間，考える時間，実際に書く時間なども見積もる。すべてを書き出すことにより，減らす必要のある予定や空き時間がはっきりする。 |
|---|---|
| まずはやってみる | 仕上げまでの時間がうまく見積もれない場合は，あれこれ考えるよりも，今行っていることを脇に置き，一定の時間を取ってとりあえずやってみる。これにより着手のハードルが下がり，仕上げまでにかかる時間の見通しも立つ。また，やりかけると，そのことが頭に残り，解決策を思いついたり，必要な情報が手元に集まってきたりすることもある（棚上げ効果）。 |

| 心理的時間との調和をとる | 好きなことならあっという間に時間が経つのに，興味が持てない授業は延々と続くように感じられる。したがって，興味のあるなしを考え学習時間を決めるとよい。好きでない・不得意な分野の学習時間は一回を短く設定し，その代わりに何度か行うなどして，合計時間を増やす工夫をするとよい。 |
|---|---|
| やりたいことをあえて後回しにする | 好きなこと・興味のあることはわざわざ予定を立てなくともやりたくなる。そこで，好きでない・不得意な分野の学習を先に行うように予定を立てる。好きでもないこともきちんと予定通りにできた，という達成感を味わうことができ，時間に余裕ができるため，時間管理の好循環が生まれる。 |
| 行き過ぎた完璧主義にならない | 完成度とそれにかける時間はトレードオフ関係にある。完成度にこだわりすぎると，いくら時間をかけても作業が終わらず，他のことができなくなってしまう。行き過ぎた完璧主義は禁物。時間内にとにかく形にしてみる。目標が実現不可能であると気づいたときには，それを捨てる，変更するという勇気も必要。 |
| 目標（やりたいこと）を考えてみる | 長期的な視点から予定を立てる。例えば，将来に備えて資格を取得する場合，一夜漬けでは資格は取れない。目標に向かって，学習を積み上げていく必要がある。毎日，予定を立てて少しずつ学習していくと，いつの間にかそれがよい習慣として根づくという効果も生まれる。 |
| 自分に合った学習時間を確保する | 学習目標を達成するためには，「時間」と「努力」という2つの要素があるとされている。思っていたよりも時間がかかってしまい期日までに仕上がらなかったなどの経験がある場合は，自分に必要な時間を見積もり，その時間を確保するようにする。 |

## 学校学習の時間モデル

　ジョン・B・キャロルは同じ授業を受けていても成績のよい子どもとそうでない子どもがいることの説明として，1963年に「学校学習の時間モデル」を提唱しました。モデル自体は非常に単純です。できる・できないを学習者の「能力」の差として捉えるのではなく，学習に必要な時間に対して学習に費やされた時間の割合として考えるのです。これを学習率と呼びます。
　学習に必要な時間と学習に費やされた時間は，個人によって異なります。学習に1時間必要な人が1時間費やせば，学習率は100%になります。同じ課題でも学習に2時間必要な人が1時間学習した場合は学習率が50%になります。つまり半分しか身につかなかったことになります。
　このモデルは，学校で普通に学ぶような内容であれば，必要な時間さえかければ誰もが習得できるという信念に支えられています。同時に，個人差は必ずあることを示しています。能力の差ではなく，必要な時間を費やしていないと

```
               ┌──────────────┐ ┌──────────────┐
               │ 学習機会      │ │ 学習持続力     │
               │ ある課題に対して│ │ 実際に学ぼうと努力│
               │ 教師が確保した │ │ して学習に費やされ│
               │ 時間         │ │ た時間の割合    │
               │ (カリキュラムなど)│ │              │
               └──────┬───────┘ └──────┬───────┘
```

学習率＝ 学習に費やされた時間（time spent） / 学習に必要な時間（time needed）

| 課題への適性 | 授業の質 | 授業理解力 |
| --- | --- | --- |
| 理想的な条件下で課題達成に必要な時間で表される。適性は課題の達成に必要な時間の長短で示され、時間が短いほど適性が高い | 適性が許す限りにおいて短時間で学べる授業かどうか。質が低ければ、最適な支援が受けられない分だけ、余分な時間がかかる | 授業の質の低さを克服する（工夫する）、一般的な能力 |

図 9-1　学校学習の時間モデルの式（出典：鈴木, 1995）

考えたほうが，工夫や努力の余地が生まれてくるように感じられませんか？

　図9-1 をさらに詳しく見ていきましょう。分子の学習に費やされた時間は，分母の用意された学習時間（学習機会）の中の，学習のために実際に費やされた時間（学習持続力）です。もし授業中（学習機会）に居眠りをしていたら，その時間は費やされた学習時間（学習持続力）にカウントされません。

　分母の学習に必要な時間に関連する要因は3つあります。1つ目は課題への適性です。数学が不得意であれば，得意な学生より長い時間がかかります。2つ目の授業の質では，適性に応じた授業が展開されていなければ，学習に余計に時間がかかります。数学が不得意な学生に難しい解説しか与えられなかったら，解説を理解するにはかなりの時間がかかるでしょう。3つ目の授業の理解力は，一般的な知能や言語能力などのことです。文章を読み解く力が低ければ，数学の文章題を解くのにもより長い時間がかかると考えます。

 ## 「時間モデル」活用のヒント

　表9-3 に学校学習の時間モデルを活用して時間を管理するためのヒント集を示します。表の左側は学ぶ場合のヒント，右側は教える場合のヒントです。いろいろなことができそうだと知れば，どれかを実際にやってみようという気になりませんか？　やってみたい工夫を見つけて，始めてください。

表9-3 学校学習の時間モデルの学びの工夫・教える工夫へのヒント集

| 学ぶ場合<br>〜自分の学習工夫への活かし方〜 | 教える場合<br>〜他者の学習を支援する場合への活かし方〜 |
|---|---|
| 自分にできないことがあったとしても，あきらめずに，必要な時間をかければ，いつかはできるようになると考える。自分の可能性を信じる。まわりができても個人差を許容していこう。 | この人はできないとあきらめずに，誰もが必要な時間をかけさえすればたいていのことはできるようになると考える。個人差はあるのだから，その人に合った教え方を考えよう。 |
| 必要な時間を減らす工夫 ||
| <課題への適性><br>■授業についていけないと判断したら，いったん立ち止まって不足部分を自分で補う，授業時間以外も活用する。<br>■はじめて行うことなど，適性が低いうちは時間が多めにかかると思っておく。<br>■わからないところをそのままにせずに，十分に理解してから次に進むようにする。<br>■以後の学習に関係しそうな内容は，きちんと理解しておく。 | <課題への適性><br>■学習者のレディネス（学習にあらかじめ必要となる知識）を把握し，実態に見合った導入を計画する。<br>■前提事項の学習が十分でない場合には，学習前に復習の機会を与える。<br>■適性不足の学習者には既有知識に関連した例を使って理解を促す。 |
| <授業の質・授業理解力><br>■学びの量だけでなく，質にも目を向けて工夫する。<br>■学習目標と自分の現状を認識し，無関係な内容や理解の妨げになるものを減らす。<br>■良質な学習教材や参考書を見つけて利用する<br>■要点・目標を念頭におきながら，授業を受ける。<br>■学習計画を立てて，計画通りに行う。<br>■意識的に学習方略を活用していく。 | <授業の質><br>■今回の学習が次回の学習への導入になるように順序立てる。<br>■どのように教えるかの骨格を整理し，無関係な内容や理解の妨げになるものを排除する。<br>■良質の教材を使って教える。<br>■計画的に丁寧に準備し，わかりやすさを追求する。<br><授業理解力><br>■様々なメディアや体験学習を用いて，発達段階に応じた具体性のある教え方をする。<br>■学習ゴールを理解させ，意識して目指させる。<br>■要点を際立たせ，取り組み方を明確にする。 |
| 費やす時間を増やす工夫 ||
| <学習機会><br>■学習が不足していると感じられる部分は，別に時間をとって自学自習する。<br>■かなり時間がかかりそうなときは，毎日少しずつ行うペースをつくっていく。<br>■自学自習できない場合は，他者に相談するか支援を受けられるところに相談に行く。<br>■教員に適切な学習教材を紹介してもらう。 | <学習機会><br>■個別学習を取り入れ，自分のペースで学習できるようにする。<br>■ついていけない学習者に補習する。<br>■個別学習教材（例：解答付きプリント）を希望者に使わせる。<br>■ネット上の良い教材を紹介する。 |

| <学習持続力> | <学習持続力> |
|---|---|
| ■機会を確保するだけでなく，それをどう使うかが重要であることを常に意識して無駄にしない。<br>■自分が学習に集中できない理由を特定し，それを回避するようにする。<br>■授業をただ聞くだけでなく，何か得られることはないかと，積極的に聞く姿勢を持つ。<br>■わからないといって，すぐに学びを中断しないようにする。<br>■何か学習を進めるうえで障害となる不安要因があるなら，先にそれを取り除く。 | ■学習意欲を喚起，維持し，深めていくよう工夫する。<br>■学習者が集中できる長さに応じてリズム，メリハリをつける。<br>■受身的に聞かせるだけでなく活動的にする。<br>■課題を達成していないうちに勘違いから努力を中断しないように配慮する。<br>■学習者の心理状態に影響する学習への取り組みを阻害する要因を取り除く。<br>■学習者が授業に集中できる時間を延ばす訓練をする。 |

## できばえを上げる方法を学ぶ

　大学生活の過ごし方に関して次のような調査結果があります（日本全国の国公私立大学生 2013 人へ調査，溝上，2009）。これによると，①授業外学習・読書，②インターネットゲーム・漫画，③友人・クラブサークルの3つすべてで積極的に活動した人たちは，②だけや③だけ，あるいはすべてに消極的だった人たちに比べると，学生生活の充実，将来の見通し，知識技能の習得で得点が高かったそうです。時間は限られているため，すべてを積極的に行うためには，うまく時間を管理することが必要です。時間管理の大切さが読み取れます。

　タイムリミットはぎりぎり許される時間のことです。一定時間内に何かをしなくてはいけないという規範感覚のことを「タイムリミット感覚」と呼び，一定時間内にできるだけたくさんのことができることを「タイムリミット能力」と呼びます。例えば，課題やレポートなどをきちんと期限内に提出することがいつもできるならば，タイムリミット感覚・能力が高いといえます。

　しかし他方，例えばレポートであればできばえ，完成度も重要です。期限を守ってもできばえが悪ければ問題です。時間よりも作業の質やできばえにこだわることを「ワークリミット感覚」と呼びます。タイムマネジメントがうまくいき時間に余裕が生まれ，そしてタイムリミット感覚が身についていれば，時間を忘れて頑張ること，すなわちワークリミットによって実力が伸びていきま

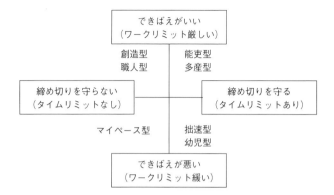

**図 9-2　ワークリミットとタイムリミットによるタイプ分け**（出典：Lipsky, 2011）

す。

　図9-2はワークリミットとタイムリミットを軸にしたタイプ分けです。右下の拙速型・幼児型は、やることは早いができばえはあまりよくないタイプです。大急ぎで課題を仕上げ、なんとか締め切りに間に合わせるような場合です。左下のマイペース型は、締め切りも守らずできばえもイマイチなタイプです。左上の創造型・職人型は、ひたすらできばえにこだわります。好きなことに取り組む場合にこのような傾向を示す人は少なくありません。だからこそ実力がつくのですが、期限が守れないと困ることもでてきそうです。最後に右上の能吏型・多産型は、締め切りにもできばえにも厳しい状態です。目指すべきはここかもしれませんが、できるところから取り組むのがよいでしょう。

## もう一度考えてみよう！

学習目標を達成するために自分のスケジュール帳に新たに書き入れるとよい項目にはどのようなものがあるでしょうか。本章で学んだことをもとに考えてみてください。

## 事例

### 学ぶ側——佐藤さんの場合

　佐藤さんは大学入学を機にスケジュール帳を使うことにしました。さっそうとスケジュール帳を取り出して予定を書き込む先輩の姿が格好よく思えたからです。さっそく履修している授業の時間やサークルの予定を書き入れてみました。しかし実際は毎週同じことの繰り返しです。すぐに何も書かなくなってしまいました。それでも期末試験の試験日とレポート提出の締め切り日だけは書き込み，これで大丈夫と安心していました。

　試験はみんなが話題にしていたので，少し前から勉強を始めることができました。レポートはスケジュール帳で締め切りを確認し，締め切り前日から作成を始めました。しかし始めてみると思ったより時間がかかってしまい完成できずに単位を落としてしまいました。その後，スケジュール帳には予定だけでなく，レポートのための情報収集やレポートを書く時間など，作業のために確保しておく時間も書き込むようにしました。

### 教える側——高橋君の場合

　高橋君は，学習センターで2人の学生を同時に受け持つことになりました。1人でも2人でも教えることは同じだし，あまり違いはないだろうと気軽に考えていました。実際に始めてみると，1人はいつも早くできてしまい，他の1人にかかりきりになってしまい，不満そうな態度がうかがわれます。高橋君は自分のチューターとしての能力が疑われているように感じました。

　そんなとき，学習センターで「学校学習の時間モデル」を学びました。同じ課題であってもそれをマスターするまでにかかる時間は人によって違うとのこと。高橋君はさっそくそのことを早くできる学生に説明し，教えられるのを待つだけでなく，その時間に完成度を上げる努力をするように促しました。タイムリミットとワークリミットの差についても話しました。この説明で不満がなくなり，2人が助け合うようになりました。

　さらに高橋君は，自分の苦手な英語も，もっと時間をかければできるようになるのかもしれないな，と考え始めています。

## 練習

1. 事例に登場した佐藤さんがタイムマネジメントをうまく行うためにさらにできることを，例をあげて説明してください。

2. Aさんは最近，アルバイトが忙しく授業中に居眠りをすることが多くなっています。この場合，学習率を上げるために見直すべきことは学校学習の時間モデルの展開式の中のどの要因でしょうか。要因とその要因を選んだ理由を説明してください。

3. タイムリミットとワークリミットを2軸にした4象限のうち，本当の実力がつくとされている象限はどこでしょうか。型をあげてその理由を説明してください。

## フィードバック

1. 佐藤さんはレポート作成の時間を見積もることができなかったと考えられます。そこで、本格的にとりかかる前に「まずやってみる」を試してみるとよいでしょう。完成までにかかる時間を見積もることができるようになるはずです。

    勉強があまり好きではないことから「やりたいことをあえて後回しにする」作戦も効果的だと考えられます。好きでないことでもできた、という達成感を味わうことができます。また、レポート作成が予想より長くかかっても、時間に余裕が生まれ、失敗を繰り返さないで済む可能性が高まります。

    スケジュール帳には自分のすべての予定を書き込んで、自分の時間を一元管理するとよいでしょう。優先順位を書き込むとさらによいかもしれません。

2. 見直すべき要因は「学習持続力」です。なぜなら、学習率の展開式によるとAさんの居眠りは、せっかく学ぶ時間があるにもかかわらず、学ぼうと努力して実際に学習に費やされた時間、つまり「学習持続力」が少なくなっていることを意味しているからです。また、「学習持続力」を向上させるためには、アルバイトの時間を減らして十分な睡眠時間を確保し、授業中に居眠りをしないようにすることが重要でしょう。

3. 「創造型」「職人型」の象限が「時間を忘れてめいっぱい頑張る」場合に当てはまるため、本当の実力が身につくと考えられます。しかしながら、「能吏型」「多産型」でも本当の実力は身につくはずです。「時間を忘れて」というのは、そういう感覚であって、実際に時間を忘れるかどうかとは別のことだからです。締め切りを守りながらもよいできばえのためにがんばることで、実力が身についていくでしょう。

# 第10章 失敗に強くなる

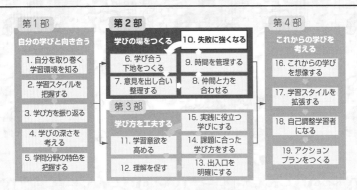

**学習目標**

1. 失敗したときに失敗に対処する4段階に従い，失敗から学ぶことができる。
2. 自律的援助要請と依存的援助要請の違いを理解し，日常の学びで，自律的援助を活用した学びを実践できる。
3. 基本的なコーピング技法を活用し，メンタルヘルスを良好に保つことができる。

## 最初に考えてみよう！

☐ 最近，授業や試験，学習，生活の中での問題を解決しようとした経験はありますか。その解決法は成功しましたか？ それとも失敗しましたか？

☐ 成功した人も，失敗した人も，どのような準備や実践をしましたか？

☐ その経験をどのように次の問題解決に活かせるでしょうか？ 自らの体験をもとに，メモ程度でよいので書いてみましょう。

あなたの書いたメモを踏まえながら，本章を読んでください。

## 失敗に強くなるとは

「失敗は成功のもと」ということわざがあります。「失敗は成功の母」という場合もあります。失敗することは誰にでもありますが，その失敗から学び，失敗を自分の成長に活かすことができれば，かえって成功するものだという意味です。一般に，失敗には「したくないもの」「起こしてはならないもの」というネガティブなイメージが強くあります。そのため，実際に失敗してしまうと，誰もが「恥ずかしくて直視できない」「振り返りたくない」「人に知られたくない」と考えがちです。失敗にふたをして見ず，失敗を隠すことによって，次の失敗，そしてもっと大きな失敗という，よりマイナスの結果につながります。失敗に対する見方や対処の仕方を変えて，「失敗は成功のもと」になるようにしましょう。それが，失敗に強くなるということです。

日本は「失敗しづらい国」であるといわれます。官庁や日本企業の多くは減点主義で人を評価する傾向があります。日本経済は長い間停滞を続けているので，挑戦できる環境に恵まれているとはいえません。誰もが萎縮して，保守的になり，リスクを取らなくなります。それが現代の学生にも反映されているようです。失敗を恐れるあまり挑戦的なことに取り組まず，本来の能力が発揮できないことや，やる気がないように思われてしまうこともあります。

経済をはじめとして，グローバル化は様々な分野で急速に進んでいます。その結果，新しいことに挑戦しない減点主義では，企業は生き残れなくなってきました。企業を成長させるイノベーションは，挑戦することなしでは起こりえないからです。挑戦することには失敗はつきものです。失敗に対処する力を身につけることは，これからますます重要になっていくでしょう。

 ## 失敗に対処する4段階

「失敗力」という言葉があります。「失敗力」とは，失敗から学び，失敗を自分の成長に活かす力のことです。海保（2004）は，「失敗力」を図10-1のように示しています。失敗してしまったときにはその対処として，「影響を拡大しな

い」ようにし，「早く立ち直り」，その「失敗から学び」，「失敗を恐れない」ようになるという段階があります。この段階を踏むことができる力を「失敗に対処する力」といいます。そして，その結果として「失敗しない」ようになるのです。

　失敗の影響を拡大しないようにするには，「失敗のスパイラル」を起こさないことが重要です。例えば，大学入試の際に，1時間目の数学が得意だったがケアレスミスで解けるはずの問題が解けずに失敗してしまったという状況で，それが尾を引いてしまうと2時間目，3時間目の科目も失敗してしまうというスパイラルに陥ります。1時間目の失敗に起因し，感情が乱れ，ネガティブ思考になってしまい，思考停止になってしまったことが原因です。

　それでは，このスパイラルに入り込まないようにするにはどうすればよいでしょうか。失敗したことは取り返しがつかないがこれからの科目で挽回する，という気持ちを持つことが重要です。そのためには，ケアレスミスで失敗することがあると事前に想定しておく必要があります。そして，ネガティブな思考をいかに断ち切るかをあらかじめ考えます。例えば，日常から今この瞬間にやるべきことや自分がコントロールできる範囲に集中する姿勢を習慣化しておくことなどは，「早く立ち直る」ことにつながります。他方で，失敗した自分に嫌気がさしたり，恥ずかしいと思ったりすることはネガティブに働きます。事前に想定し，行動をシミュレーションしておくことが有効です。

　「失敗から学ぶ」ということには，「同じ失敗を繰り返さないようにするための方策を身につける」，「失敗を経験することで，認識を深め，そのときの対処法を学ぶ」，「失敗を経験し，失敗に強くなる」の3つの側面があります。失

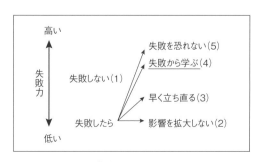

図 10-1　失敗力（出典：海保，2004）

を恐れるあまり,失敗経験がないまま成長してしまうと,これらの能力が身につかないわけですから,一番よくない状況といえます。失敗も学習の1つと捉えてむやみに恐れないようにしましょう。失敗しないことにしかチャレンジしなくなり,リスクを恐れて行動しないことを,「自分のコンフォートゾーン(安心できる範囲)に留まる」といいます(佐藤,2014)。その状態では自らの成長はありません。自分のコンフォートゾーンを飛び出すために,リスクを想定し,準備し,自分の能力を発揮できる問題に挑戦し取り組んでみましょう。そのような取り組みを続けていくことにより,「失敗を恐れない」姿勢が身につきます。特に,学校での学びの環境では,失敗は許されている場合がほとんどです。大いに失敗して,それを乗り越える経験を積んで,失敗に強くなりましょう。

## 援助要請は悪いことではない

　失敗に対処する際に,自分の力だけで解決できることには限界があります。また,失敗にともなう心理的なダメージから回復するには,人に話すのが効果的です。一人で失敗を抱え込んでしまうと心が負のスパイラルに陥り,立ち直るのが難しくなってしまうからです。わからないことや失敗した際に,他者に相談することは恥ずかしいことではありません。積極的に活用しましょう。

　わからないことを解決するために他者に相談する行動を「援助要請」といいます。援助要請には「自律的援助要請」と「依存的援助要請」の2種類があります。表10-1は,瀬尾(2007)がまとめた,それぞれの特徴を示しています。どちらも,問題を解決するための援助を得るという直接的な目的は同じですが,問題対処後に残る知識や技能の質が変わってきます。

表10-1　自律的援助要請と依存的援助要請

|  | 自律的援助要請 | 依存的援助要請 |
| --- | --- | --- |
| 問題解決の主体 | 援助要請者 | 援助者 |
| 必要性の吟味 | 十分 | 不十分 |
| 要請内容 | ヒント・解き方の説明 | 答え |

出典:瀬尾,2007

自律的援助要請は，つまずきを自分の問題と捉え，本当に援助が必要かを十分に吟味し（つまり自力での解決可能性を十分に模索し），直接的な答えではなくヒントや解き方の説明を求めます。現在直面している問題を解決するための答えが得られればよいとするのでなく，自分で解決するすべを身につけたいと考えます。そのように身につけた知識や技能は，次に新しい同様な課題に直面したときに，学んだ知識を応用・活用することができます。

　一方，依存的援助要請は，援助の必要性を吟味することなく，すぐに援助要請をして援助者に解決してもらうことを望みます。ここで身につけた知識や技能は，本質的な理解がともなわないため他に応用しにくいものとなります。みなさんはこれまでに人に教えてもらうときはどちらを志向していたでしょうか？

　自律的な学習者を目指すみなさんは「自律的援助要請」をすることが求められます。ただし，援助を求めるな，という意味ではありません。必要なときは，わからないことをそのままにせずに積極的に相談しましょう。

　少し調べればわかることを安易に質問してくる人に対して，「ググれ」と言い返すことが流行したこともありました。検索エンジンは身近な援助者ともいえる時代になってきました。それでは，検索エンジンにより問題を解決できれば，自律的学習者といえるでしょうか。自ら検索するという態度は，問題解決の主体が学習者である点は自律的といえます。しかし，何も考えずにすぐに検索エンジンに頼ってしまったり，単に答えを得るだけの検索活動であったりしたら，その援助要請は十分に自律的とはいえません。単に楽をしようとして，検索エンジンに依存していることになります。そのような依存的な検索エンジンの使い方は避けましょう。結果を重視した考え方（プロセスはどうでもよくて，とにかく解けさえすればよいという考え方）を持っている人は，依存的になりやすいといわれているので注意しましょう。

　援助要請場面は，どのように問題解決をするのかを学ぶ良い機会であるともいわれています。上級生（あるいはチューターや教員）が自分の援助要請に対して，どのように対応しようとしているのかを見ておくことも参考になるでしょう。そのような機会を意識して，十分に活用してください。

**失敗しない力**

　どのような状態のときに失敗するのでしょうか。「知識がない」場合や、「技能がない」場合などが考えられます。そのような場合に問題を解決しようとしても失敗してしまうことは、容易に想像できます。問題に対処する際には、まず、自分自身が有している知識や技能を理解していなければなりません。そして、対処する問題をよく調べ、その問題を解決するために必要な知識や技能がどの程度のものかを把握します。もし、自分自身の知識や技能が、問題解決に必要なことを上回っていれば、失敗することはないでしょう。

　一方、自分自身の知識や技能が十分でない場合はどうすればよいでしょうか？　問題解決に必要な知識や技能と、自分自身のそれらとの差分を把握する必要があります。その差分が明らかになれば、自分自身が必要な知識や技能を学び、身につけるための対策を立てることができます。あるいは、知識や技能を持っている人の援助を受けるという対策を立てることもできます。「失敗しない力」とは、これらのことができる力のことを指します。

 **メンタルヘルス**

　問題を解くために入念な準備をしたとしても、失敗した場合、気が弱くなってしまったりすることがあります。ここでは、そのような状況に対処していくための「メンタルヘルス」について考えます。問題をよく調べ、自律的援助要請を行い、失敗力を高めても、不安やストレスを感じることは普通のことです。ストレスをどのように軽減するかを考えなくてはいけません。

　現代社会は、ストレスフルだといわれることがあります。ストレスは、困難な問題や試験などに直面したときに、あなたの身体や心に表10-2のような影響を及ぼします。その結果、やる気をなくしてしまうことがあります。

　学生生活におけるストレスの原因には、あなたの置かれた状況、思考、身体、心、環境などに起因するものがあります（Sellers et al., 2014）。具体的には、恋愛、家族、友人、教員、ルームメイトなどの様々な人間関係や、それ以外にも

表 10-2　ストレスや心配による身体的・心的な影響

|  | 急性（短期間） | 慢性的（長期間） |
| --- | --- | --- |
| 身体的な兆し | 寒気，手や足に汗をかく，頭痛，腰痛，吐き気，胃痛，めまい，心拍数の上昇 | 筋肉の張り，緊張，腹痛，消化器官・腸の不調，心拍数や血圧の上昇 |
| 心的な兆し | 心配，短気，自分に対してネガティブな発言 | いらいら，明確な恐怖感や心配，パニック発作 |

出典：Sellers et al., 2014 を和訳した

金銭面，学習面，SNS，ホームシックなど多岐にわたります。

　ストレスのもととなるのは，試験がある，プレゼンテーションをしなければならないなどの状況，刺激です。しかし，刺激が表 10-2 に示す兆しを直接引き起こすわけではありません。心配したり，手や足に汗をかいたりするなどの反応は，それぞれの人の「思考」によりその状況をどう「評価」するかで生まれます。同じ状況でも緊張する人としない人がいるのは，人により状況の評価の仕方が異なっているからです。つまり，「試験」→「心配」という直接的作用ではなく，「試験」→「失敗したらどうしよう」→「心配」という評価のフィルターが入っているのです。

　この評価のフィルターは，私たちの思考です。ストレスに強くなるために最も重要なことは，この思考部分を認識し，自分の感情をコントロールしていくことです。あなたの思考がマイナスならば，事態や精神状態はマイナスの方向に進みます。その流れを断ち切って，プラスの方向への転換が必要なのです。

　たとえ失敗したとしても，失敗自体が自分の人生を終わりにするわけではありません。失敗をどのように捉えて対処するかが重要です。失敗を分析し，その原因を突き止め，改善し，次に同じような問題に対処したときには解決できるようにすることが大切です。評価のフィルターをポジティブなものにしましょう。それがメンタルヘルスを良好に保つことにつながります。

 **コーピングスキル**

　評価のフィルターをポジティブなものにするストレス対処法として，コーピングスキルがあります。コーピングとは，英語の cope（うまく対処する）とい

う動詞にingをつけた動名詞で、ストレス対処スキルとも呼ばれます。その目的は、感情をコントロールすることです。感情を抑制することではありません。

コーピングには様々な方法があります。例えば、「セルフトークを使ったコーピング」「道具を使ったコーピング」「身体を使ったコーピング」などです。いずれの方法においても、基本は、自分を知り、自分の感情の理由を知ることにより、その感情を調整していきます。表10-3に「セルフトークを使ったコーピング」の例（田中、2008）をいくつか紹介します。セルフトークにより、自分のゆがんだ思い込みと向き合い、弱い自分を認めてあげましょう。

表10-3 セルフトークを使ったコーピングの例

| 状況 | セルフトークの例 |
| --- | --- |
| 何かで失敗して自信がなくなったとき「どうせ自分なんて」という言葉を無意識のうちにつぶやいている。 | ・「失敗は誰でもすること。どんな立派な偉人もする。言い換えれば、偉人であればあるほど、失敗を多くするんだ！」<br>・「失敗はまったくもって悪いことじゃない。むしろ、失敗を恐れて、失敗すらできないことのほうがやっかいなんだ！」<br>・「他人とは絶対に比べるな。無意味だ」 |
| 自分に関する過信により失敗し、ストレスを持っている。逆境の状況にあっても現実を受容できず「私はすごいんだ」と虚勢を張り続け、本当の自分がびくびくしていることに気づけない。 | ・「できないものはできない。ただそれだけ、できるようになればよいだけ」<br>・「そうやってカッコつけて、現実のカッコ悪い自分を受容できないこと自体が、よっぽどみっともない」<br>・「弱くてカッコ悪い自分を、自分が認めてあげなくてどうする」 |

## もう一度考えてみよう！

「最初に考えてみよう！」で取り上げた失敗から何を学ぶことができそうですか。次はどう工夫して乗り越えようと思いますか。考えたことをメモしておきましょう。

第 10 章 失敗に強くなる　111

## 事例

### 学ぶ側―佐藤さんの場合

　佐藤さんは，1年前期のスタディスキルズの授業でARCSモデルについて5分間で発表することになり神経質になっています。人前で話すことが苦手なため，今からドキドキして，失敗したらどうしようと不安でたまらず，発表準備がなかなか進みません。本章で学んだことを振り返って準備しました。

　ところが，発表はうまくいきませんでした。失敗したらどうしようという不安から緊張がピークに達し，頭が真っ白になりました。先生や友人からは，スライドはわかりやすかったが，聴衆の方を見て話したほうがよいというコメントをもらいました。とても落ち込みましたが，どうしたらうまく話せるようになるか，チューターにアドバイスを受けに行くことにしました。

### 教える側―高橋君の場合

　高橋君は，授業でプレゼンテーションを失敗したという佐藤さんからアドバイスを求められました。佐藤さんは自信を失っており，とても後悔している様子でした。そこで，失敗したことは佐藤さん自身が否定されるようなことではないことを知ってほしいと思いました。

　まず，先生や友人からどのようなフィードバックを受けたか，自分ではどのように評価しているのかを話してもらいました。発表内容をきっちりと理解してまとめることができたことや，自らインターネットで調べて見つけたプレゼンテーション構成法を活用してスライドを作成したことは素晴らしいと賞賛しました。原稿は作ったが実際に声に出して発表する練習はしなかったとのことなので，自分自身の経験で，学会などでプレゼンテーションするときは，何度も実際に声に出して練習をすること，友人や先生に聴講してもらいフィードバックをもらって改善することを何回も行ったとアドバイスしました。

　授業ではプレゼンテーションする機会が何回かあるようなので，次の機会にはどのように準備を進めるのかを考えてもらいました。大事なのは今回の失敗を次に活かすことであると理解してくれたと思います。帰り際には笑顔も見られ明るい顔つきになっていました。

## 練習

1. 失敗力自己チェックシートにある次の 10 の質問に答えてみましょう。

   点数（自分に当てはまっている 3 点，どちらでもない 2 点，当てはまらない 1 点）

   | | |
   |---|---|
   | | ①失敗しながら学ぶほうが身につくと思う |
   | | ②失敗は自分だけに原因があるわけではない |
   | | ③失敗してもあまり落ち込まない |
   | | ④失敗を恐れては何もできない |
   | | ⑤失敗しそうなことは，あらかじめ予想するようにしている |
   | | ⑥同じ失敗をくりかえすことは少ない |
   | | ⑦失敗は隠さないほうがよい |
   | | ⑧失敗してもあわてないほうである |
   | | ⑨日本では失敗を厳しく考えすぎだと思う |
   | | ⑩他人の失敗から学ぶようにしている |
   | | 合計点数（10 点から 30 点） |

   出典：海保，2004

2. あなたの過去の失敗について 1 つ例をあげ，その失敗に対してどのように対処したのか，「影響を拡大しない」，「早く立ち直る」，「失敗から学ぶ」，「失敗を恐れない」の 4 段階に従って説明してみてください。

3. 「何も考えずにすぐに検索エンジンに頼ってしまう」行為は，依存的援助要請です。例えば，授業において ARCS モデルの解説プレゼンテーションを求められた状況で A さんは，Google において「ARCS モデル」で検索して，トップに出てきた Web ページの内容をコピー&ペーストして，パワーポイントのスライドに貼り付け，見栄えを整え，プレゼンテーションを行いました。話した内容は，Web ページの文言とほぼ同様でした。この行動のどこをどのように変えれば，自律的援助要請になるでしょうか？

4. 自らの行動で感情をコントロールし，自ら感情を調整していく技術のことを何といいますか？　その中で，「自信をなくして，自分を卑下する」状態に陥ったときに用いるセルフトークにはどんなものがありますか？　そのセルフトークが有効な理由を考えてみましょう。

## フィードバック

1. 合計点が 20 点以上ならば，失敗力が高いといえます．

2. 佐藤さんの例を，「影響を拡大しない」，「早く立ち直る」，「失敗から学ぶ」，「失敗を恐れない」の 4 段階に沿って考えてみましょう．

　　「影響を拡大しない」については，発表内容は問題なかったので，影響は佐藤さん個人内に留まっています．「早く立ち直る」では，チューターに援助要請に行き，次のプレゼンテーションに向けて対策を練ろうとしています．プレゼンテーションが失敗したことを悔いるのではなく，今できることに集中し，改善する方法を得るために行動を開始しています．「失敗から学ぶ」では，原稿を用意するだけでは不十分で，実際に声に出して発表練習しなければならないことを学びました．「失敗を恐れない」では，人前で話すことは苦手であることはまだ克服できていませんが，次のプレゼンテーションをよりよいものにするために意欲をもって取り組み，本番前に友人と発表練習することを計画しています．

3. 今の対処法は，単に答えを得るだけの検索活動であり，ただ楽をしてその場をやり過ごすだけの活動になっています．この援助要請は自律的とはいえません．自律的な学習にするには，課題として問われている ARCS モデルの本質は何なのかを考え，それをスライドに整理し，自身の言葉で語れるようにすることです．自分の体験を交えながら語れるようにするとよいでしょう．

4. 自らの行動で感情をコントロールし，自ら感情を調整していく技術を，コーピングといいます．「自信をなくして，自分を卑下する」状態に陥ったときに用いるセルフトークは，すでに本文で 3 つ示しました．それ以外にも「価値観は様々．1 つの価値観だけで自分を判断するな」などがあります．

　　「自分を卑下している」状態のときは，「すでに持っている素晴らしい資質」よりも，「持っていないもの」ばかりに目を向けてしまいがちです．自分が持っているものに目を向け，それを軸にチャレンジする気持ちをつくっていきましょう．

# 第3部

## 学び方を工夫する

第3部では自分の学び方を工夫する方法を学びます。第11章から第15章を学んだら、以下の課題3に取り組んでください。それぞれの章を学ぶごとに、自分用のメモを作っておくと、課題に取り組みやすくなります。

### 課題3

1. 第11章から第15章での学びを踏まえて、以下の1) から5) のことそれぞれについて、自分の考えを3つ以上、箇条書きで整理してください。また、そう考えた理由をそれぞれ理由ごとに短い文で説明してください。
   1) 学習意欲を高めるためにやってみたい工夫（第11章）
   2) より効果的に学ぶためにやってみたい工夫（第12章）
   3) 学びの出入口を明確にするための工夫（第13章）
   4) 課題や領域にあった学び方にするための工夫（第14章）
   5) 実践に役立つ学びにするための工夫（第15章）

2. 試行報告：以上のアイディアのうち、それぞれ1つ以上を実際にやってみてその結果を報告してください。報告には、やってみたことそれぞれに対して、以下の項目を含めてください。
   （ア）どんな場面でどのように試みたか
   （イ）その結果はどうだったか
   （ウ）次に行うとしたら何をどう改善するか
   （エ）やってみて、振り返った感想

# 第11章 学習意欲を高める

**学習目標**

1. 自分が抱えている学習意欲の問題について、ARCSモデルの4つの側面と下位分類を踏まえて、その改善のための方策をあげることができる。
2. 自分が教える側に立ったときに、相手が意欲的に取り組めるようにARCSの視点で配慮することができる。

## 最初に考えてみよう!

みなさんが受けてきた授業や自分で進めた学習の中で、以下の2つについて、考えてみましょう。
☐ やる気の出た授業とその理由
☐ やる気が出なかった授業とその理由
これらを踏まえながら、本章を読んでください。

## 学習意欲を ARCS の 4 つの側面で捉える

本章の冒頭で，やる気について振り返ってもらいましたが，いかがでしたか？
私たちが何かを学ぶときには，必ず学習意欲，やる気が関係してきます。やる気が出たものは一生懸命に取り組み，そうでないものは，あきらめてしまうこともあります。学習意欲は，学びの原動力であり，大変重要な課題です。一方でみなさんは，意欲についてただ漫然と捉えてきたのではないでしょうか？

ここでは，自分の意欲と向き合うために役立つモデルとして，ジョン・ケラーが提唱した「ARCS モデル」を紹介します（ケラー，2010）。学習意欲に関する研究は心理学を中心に数多く行われてきました。ケラーはそれらを実践者向けに使いやすい形に統合し，4つの側面から捉えることを提案しました（図 11-1）。学習意欲の4つの側面の頭文字をとって ARCS（アークス）です。

ARCS モデルを用いることで，例えば単に「やる気が出ない」ではなく，「やる気の特にやりがいの側面が問題だ」というように，一歩踏み込んだ検討が可能となります。ARCS モデルは，もともと教える側のために提案されたものですが，学ぶ側が学習意欲を考えるときにも有効です。以降では，4つの側面についてそれぞれ説明していきます。各側面に示される3つの下位分類を把握することで，より理解が深まると思います。

● **Attention（注意：おもしろそうだ）**

「注意」は「おもしろそうだ」「何かありそうだ」と思う側面です。探求心や

```
Satisfaction（満足感：やってよかったな）
    ↑
Confidence（自信：やればできそうだ）
    ↑
Relevance（関連性：やりがいがありそうだ）
    ↑
Attention（注意：おもしろそうだ）
```

図 11-1　ARCS モデルの 4 つの側面（出典：鈴木，2002）

好奇心を刺激したり，退屈しない工夫を考えたりします。表 11-1 に示す 3 つの視点となる下位分類があります。特に A-1 や A-3 は学習意欲としてはあくまでも一過性でその瞬間にとどまる傾向があります。

表 11-1　注意の下位分類

| A-1 興味を引く<br>（知覚的喚起） | 感覚的な刺激（予期せぬものや，抽象的よりは具体的なものなど）で興味を引くこと。例えば，鮮明な動画を見せる，人間一般ではなく特定の人物に焦点をあてるなど。 |
|---|---|
| A-2 好奇心を刺激する<br>（探求心の喚起） | 問題の答えを知りたい，もっと深く知りたいなど，知的な好奇心をくすぐること。例えば，問題を最初に提示する，矛盾を感じさせる，ミステリーを演出するなど。好奇心は自分の知識の中にあるギャップを認識して，そのギャップを埋めたいという欲求から生じるといわれている。 |
| A-3 変化を与える<br>（変化性） | 同じことが単調に続くと退屈して飽きるので，マンネリを避けて，変化を与える。例えば，抑揚のない話し方よりはメリハリのある話し方をする，展開に多様性を持たせるなど。 |

● Relevance（関連性：やりがいがありそうだ）

「関連性」は「やりがいがありそうだ」と思う側面です。学習内容や活動に意義，価値があるかどうかを考えます。表 11-2 に示す 3 つの視点があります。

表 11-2　関連性の下位分類

| R-1 目標に向かう<br>（目的指向性） | 学習者の現在や将来に意味のある目標を目指すようにする。例えば，将来海外で活躍したい人は英語の学びに意義を見いだすように，学習者が実用的と思うことなど。 |
|---|---|
| R-2 好みに合わせる<br>（動機との一致） | 学習環境の心地よさは個人によって異なるので，興味や好みに合うようにする。例えば，他者と一緒に学ぶことを好む人は，目標に向かう力は弱くてもグループ活動にやりがいを見いだす。 |
| R-3 経験とつなげる<br>（親しみやすさ） | 学習者の経験と学習内容を結びつけるようにすること。例えば，学習者にとって身近な場面から具体的な実例をあげることが，関連性を高める助けになる。 |

学ぶ価値を報酬や罰などの学習内容とは関係のないところに求めることを「外発的動機づけ」，学習内容自体に価値を見いだすことを「内発的動機づけ」と呼びます。外発的の場合は報酬などがなくなることが意欲をなくすことに直

結します。しかしながら，最初は外発的で徐々に内発的になっていくこともあります。

### ● Confidence（自信：やればできそうだ）

「自信」は「やればできそうだ」と思う側面です。頑張ればできるという期待が持てること，そして自分が努力したからできたと思えるかどうか，結果を自分に帰属できるかを考えます。表11-3に示す3つの視点があります。

表11-3　自信の下位分類

| C-1 成功への期待感を持つ（学習要件） | 何が期待され何が評価されるのかのゴールとクリア条件がわかり，それが適度なレベルにあること。例えば，誰でもわかる言葉で求めているゴールを示せば成功への努力につながる。 |
|---|---|
| C-2 成功体験を積み重ねる（成功の機会） | 適度にチャレンジングな課題で成功体験を積み重ねていくことで，自分の能力への信頼が高まっていく。例えば，いきなり20段の跳び箱で失敗が続いて絶望するよりは，5段から始めることなど。 |
| C-3 自分でやり遂げたと思う（個人的なコントロール） | 自分の能力や努力のおかげでやり遂げたと思えること。例えば，自分で学習を制御できる場面を増やすことが必要となる。他人任せや偶然の成功では自信につながらない。 |

自分ならできると思えることを「自己効力感」と呼び，自己効力感が高いと学びを工夫しようとする傾向が高くなります。また，学習できないことが続くと「学習性無力感」といわれる，努力してもどうせ無駄だ，という態度を学習してしまいます。

### ● Satisfaction（満足感：やってよかった）

「満足感」は「やってよかった」と思う側面です。学びの結果が次につながっていくように，頑張った結果が無駄にならないようにすることや，正当に評価されること，ほめられることが満足感につながります。AとRとCが行動に至るための動機づけとなるのに対して，Sは行動の結末から生起するものとなります。表11-4に示す3つの視点があります。S-1は内発的に，S-2は外発的に満足感が得られることになります。

表 11-4 満足感の下位分類

| S-1 習得した喜びを実感する（自然な結果） | できないことができるようになったと実感することや，習得した知識やスキルを利用する機会があること。例えば，プログラミングを学んで実際のシステム開発に活かすことなど。 |
|---|---|
| S-2 努力が報われる（肯定的な結果） | 努力したことに対して報酬があること。報酬は有形・無形などいろいろある。例えば，コース修了後にほめられる，特権を得る，修了証が出る，昇進機会があるなど。 |
| S-3 裏切られない（公平さ） | 自分の期待が裏切られないことや，他者と自分の扱いを比べても納得できること。例えばテスト結果が公平ではなく，他者がえこひいきされていると感じたら頑張る気持ちを失う。 |

## ARCS モデルを学びに活用する

　ARCS モデルを実際の学びに活用する方法としては，例えば，①やる気が出ないと感じているときに 4 つの側面から原因を探って改善策を検討する，②学習に取り組む前にそのやり方を 4 つの側面から検討し，やる気が出るようにあらかじめ工夫することなどが考えられます。注意点としては，ARCS の 4 つの側面をすべて改善する必要はなく，特に問題が深刻な側面や高い効果が見込めそうな側面についてだけ改善するということです。過剰な工夫，例えば自信をつけようとレベルを下げすぎることなどは逆効果になる場合があります。やる気の改善は難しい課題なので，少しずつ引き出すなど，小さなところから進めてみるのがよいでしょう。

### もう一度考えてみよう！

本章の最初に考えた，やる気の出た学習，やる気のでなかった学習のそれぞれについて，ARCS のどの側面が関係しているかを考えてみましょう。自分の考えた理由と照らし合わせてみましょう。

**学習意欲についての工夫例**

　表11-5から表11-8に，ARCSモデルを活用して学ぶ・教える場面の工夫を考えるヒントを示します。これに限らず，みなさんも独自に考えてみましょう。

表11-5　注意（Attention）の工夫へのヒント

| 学ぶ側 | 教える側 |
|---|---|
| A-1：目をパッチリ開く<br>• 具体的な例をあげたり，図解して考えてみる<br>• 眠気防止の策を練るか，睡眠をとって学習にのぞむ<br>A-2：好奇心を大切にする<br>• なぜだろうという疑問や驚き，自分と異なる考えを大切にし，追求する<br>• 習ったこと，思っていたことと矛盾がないかどうかを考える<br>A-3：マンネリを避ける<br>• ときおり勉強のやり方や環境を変えて気分転換をはかる<br>• 勉強のやり方の工夫自体を楽しむ<br>• ダラダラやらずに学習時間を区切る | A-1：目をパッチリ開けさせる<br>• 言葉だけでなく視覚的な表現や，具体的な提示を心がける<br>• アイコンタクトを用いて熱意を示す<br>A-2：好奇心を大切にする<br>• なぜだろう，どうしてそうなるのという疑問を投げかける<br>• 今までに習ったこととの矛盾，先入観を指摘する<br>A-3：マンネリを避ける<br>• 説明を長くせずに練習や要点のまとめなど変化を持たせる<br>• 多彩な資料を提供する<br>• ダラダラやらずに学習時間を区切る |

出典：鈴木，1995を参考に作成（以下も同様）

表11-6　関連性（Relevance）の工夫へのヒント

| 学ぶ側 | 教える側 |
|---|---|
| R-1：目標を目指す<br>• 自分が努力することでどんなメリットがあるかを考える<br>• 自分にとってやりがいのある目標を設定し，それを目指す<br>R-2：プロセスを楽しむ<br>• 自分の得意な，やりやすい方法やペースで学ぶようにする<br>• 勉強すること自体を楽しめる方便を考える（例えば，友人と勉強する，ゲーム感覚で取り組む，後輩に教えるなど）<br>R-3：自分の味付けにする<br>• 自分に関心がある得意な分野に当てはめて，わかりやすい例を考えてみる<br>• 説明を自分なりの言葉で言い換える<br>• 勉強してきたことや知っていることとのつながりを確認する | R-1：目標に向かわせる<br>• 教える内容を習得することのメリットを強調する<br>• 学んだ成果がどこで活かせるか，どこへ向かっての第一歩なのかを説明する<br>R-2：プロセスを楽しませる<br>• 相手の得意な，やりやすい方法やペースを選択させる<br>• 勉強すること自体を楽しめる工夫を盛り込む（例えば，グループで学習する，ゲーム的な要素を入れるなど）<br>R-3：自分の味付けにさせる<br>• 対象者が関心のある，あるいは得意な分野から例を取り上げる<br>• 自分なりの言葉で説明してもらう<br>• 勉強してきたことと教える内容がどうつながるかを説明する |

表 11-7　自信（Confidence）の工夫へのヒント

| 学ぶ側 | 教える側 |
|---|---|
| C-1：ゴールインテープをはる<br>• 努力する前にゴールを決め，どこに向かって努力するのかを意識する<br>• できることとできないことを区別し，ゴールとのギャップを理解する<br>• 自分の現状に合った目標をうまく立てられるようにする | C-1：ゴールインテープをはる<br>• 本題に入る前にゴールを明示し，どこに向かって努力するのかを意識させる<br>• 相手ができることとできないことを基に，ゴールとのギャップを確かめる<br>• 相手の状況に合った目標を立てるように支援する |
| C-2：一歩ずつ確かめて進む<br>• 他人とではなく，過去の自分との比較で進歩を認める<br>• 可能性を見きわめながら着実に小さい成功を重ねていく<br>• 中間目標を多くつくり，どこまでできたかを頻繁にチェックして見通しを持つ<br>• 失敗できる練習の機会をつくる<br>• 自信がついてきたら，少し背伸びをした目標に挑戦する | C-2：一歩ずつ確かめて進ませる<br>• 他人とではなく過去の自分との比較で進歩を確認させる<br>• 易しいものから難しいものへ小さい成功を積み重ねさせる<br>• 内容を短く区切って確認問題を設け，でき具合を確かめながら進ませる<br>• 失敗できる練習の機会を用意する<br>• 自信がついてきたら，少し背伸びをした目標に挑戦させる |
| C-3：自分でコントロールする<br>• やり方を自分で決め，「自分が努力したから成功した」と言えるようにする<br>• うまくいった仲間のやり方を参考にして，自分のやり方を点検する<br>• 得意なことや苦手を克服したことを思い起こして，やり方を工夫する | C-3：自分でコントロールさせる<br>• 「自分が努力したから成功した」と言ってもらえるように，自分でやらせる<br>• やり方の助言を与え，それを参考に，独自のやり方でもよいことを告げる<br>• 得意なことや苦手を克服したことを思い出させて，やり方を工夫させる |

表 11-8　満足感（Satisfaction）の工夫へのヒント

| 学ぶ側 | 教える側 |
|---|---|
| S-1：無駄に終わらせない<br>• 努力の結果を自分の立てた目標に基づいて確認する<br>• 身につけたことを使う/活かすための応用の機会を自分でつくる<br>• 誰かに教えてみる | S-1：無駄に終わらせない<br>• 努力の結果を，目標に基づいて確認してもらう<br>• 身につけたことを使う/活かすための応用の機会を提供する<br>• 誰かに教えてみてはどうかと促す |
| S-2：ほめて認めてもらう<br>• 困難を克服してできるようになった自分に何かプレゼントを考える<br>• 喜びを分かち合える人に励ましてもらったり，ほめてもらう機会をつくる | S-2：ほめて認める<br>• 困難を克服して目標に到達した対象者にごほうびをあげる<br>• できた自分に誇りを持ち，素直に喜べるようなコメントをつける |
| S-3：自分を大切にする<br>• 自分に嘘をつかず，終始一貫性を保つ<br>• 他者の扱いを考えるよりも，できた自分に満足する | S-3：裏切らない<br>• 目標，練習問題，テストの整合性を高め，終始一貫性を保つ<br>• えこひいき感がないように配慮する |

## 事例

### 学ぶ側―佐藤さんの場合

　佐藤さんは，1年前期のスタディスキルズの授業で，やる気がでなくて困っています。その原因を，今回学んだ ARCS モデルで考えてみることにしました。ARCS の観点で自分の意欲の現状を捉えてみると，以下の通りになりました。

　A：昼食後で眠い。グループ作業が多少の気分転換にはなるが，それもマンネリ気味で飽きてきた。
　R：入学直後で大学の学びには関心があるが，本当に役立つのかどうかの確信が持てないでいる。
　C：これまではなんとかついていけたが，この後どうなるのか不安がある。
　S：実際に授業外で学校学習モデルを活用してみたが，うまくいかなかったので不満だ。

　この結果から，特にS（満足感）をなんとかしたいと考えました。活用がうまくいかないことは，当然C（自信）にもつながってくると思い，効果が期待できそうだからです。活用できなかった原因を考えたところ，学習内容の理解不足が思い当たりました。まずは資料を見直してみることにしました。

### 教える側―高橋君の場合

　高橋君は，友人に線形代数を教えてと頼まれ，快く引き受けました。友人の話を聞いてみると，数学がずっと不得意であり，大学に入った後も，やっとの思いでついてきていることがわかりました。明らかに自信を喪失気味だったので，C（自信）の側面に配慮しようと考えました。そこで友人がつまずいていた部分から少しさかのぼったところから，C-2 を意識して段階的に細かくゴールを設定しながら，練習をこまめに行うようにしました。また，不安感を取り除くように，わからないことは随時質問させるようにしました。その際に C-3 を意識してなるべく自分の力で解いてもらうようにも配慮しました。その結果，なんとか友人は理解したようで，練習問題や最後に出した確認問題も解けるようになっていました。

## 練習

1. 次にあげる学習者のつぶやきは，ARCSのどの側面に関連するものか，A, R, C, S のアルファベットで答えてください。

| つぶやき | 答え |
|---|---|
| ①「やればなんとかできるものだな」 | |
| ②「やってよかったなぁ」 | |
| ③「お，これは面白そうだな」 | |
| ④「これはやりがいがありそうだな」 | |

2. 次の学習者のつぶやきは，ARCSのどの下位分類に関連するものか，A-1, R-2のようにアルファベットと数字で答えてください。また，このつぶやきが「大学の基礎的な数学の授業」と想定した場合に，自分の学習意欲をコントロールしていくための具体的な方策を提案してみましょう。

| つぶやき | 下位分類 | 方策 |
|---|---|---|
| ①「これを学習しても自分にとって何の意味があるのかわからないな」 | | |
| ②「毎回同じような課題で飽きてきたな」 | | |
| ③「今回の小テストは100点満点中，20点しか取れなかった。再テストはあるけど，合格まで遠い。本当に合格できるのかな」 | | |
| ④「良い点はとれたけど，なんかむなしい」 | | |

3. 以下の状況にある友人に頼まれて教えることになった場面を想像し，どのような点で意欲を高める配慮をしていくべきかをARCSモデルを踏まえて答えてください。その際に，どの側面が問題であるのかを述べてください。

> 友人は，プログラミングの基本を学ぶ授業で，まったくプログラムがつくれず，何をしたらよいのかわからない状況で困っている。もともとプログラミングは好きなほうではなく，将来にも必要なさそうで，授業にも身が入っていない。授業はプログラムの作成課題が出ているところである。

## フィードバック

1. ① C, ② S, ③ A, ④ R

2. 以下に解答例を示します。方策については表 11-5 〜表 11-8 のヒントを参考にしてください。方策は下位分類に合っていれば，解答例以外でも OK です。
   ① 学習内容に学ぶ価値を見いだせずにいます。下位分類：R-1 目的指向性，方策：「自分が努力することでどんなメリットがあるかを考える」など。
   ② 学習がマンネリ化して，飽きているようです。下位分類：A-3 変化性，方策：「ダラダラやらずに学習時間を区切る」など。
   ③ テスト結果が悪く，自信を喪失気味です。下位分類：C-2 成功の機会，方策：「可能性を見きわめながら着実に小さい成功を重ねていく」など。
   ④ テストで良い点をとっても喜びに結びついていないようです。下位分類：S-2 肯定的な結果，方策：「喜びを分かち合える人に励ましてもらったり，ほめてもらう機会をつくる」など。あるいは，下位分類：S-1 自然な結果，方策：「身につけたばかりのことを応用する機会を設定する」など。

3. この友人はいくつかの問題を抱えているようです。ARCS で分析すると，A：問題なし（状況不明），R：問題あり（学ぶメリットを感じられていない），C：問題あり（苦手意識があり，まったくできていない），S：問題なし（満足していないが，R と C のせいと考えられる）のようになりました。今回の状況では，特に R と C の両方について対応するのがよさそうです。例えば，R-1 が問題と捉えて，今後の授業でも必要になるからという学ぶ意義を伝えるか，R-3 が問題として，ペアを組ませて進めるなども考えられます。また，C については，C-1 のゴールを見失っているかもしれませんが，苦手克服のために C-2 に対応した工夫がよさそうです。とにかく基本的なところから 1 つずつ段階を踏んで，確認しながら進むことを試してみるとよいでしょう。ここでは，特に R と C に問題があることを特定し，両方かどちらかに対応する方策があり，なぜその方策を選んだのかの妥当な理由が述べられていれば正解とします。

# 第12章 理解を促す

**学習目標**

1. 自分が授業（研修）を受ける際，9教授事象と授業（研修）の内容を対応させ，事象の不足分は自分自身で補うことができる。
2. 自分が教える側に立ったときに，9教授事象を参考に，教える内容・学ぶ内容を組み立てることができる。

## 最初に考えてみよう！

最近，みなさんが受けた授業を1つ思い出してください。その授業は，どのような流れになっていましたか？ 導入・展開・まとめの内容を具体的に思い出しましょう。
☐導入（最初の5〜15分程度）
☐展開
☐まとめ（最後の5〜15分程度）
これを踏まえながら，本章を読んでください。

**9 教授事象とは？**

9教授事象はロバート・ガニェによって提唱された教授理論です（図12-1）。授業（特に1時間分）の組み立てによく利用されますが、それだけでなく他者の学びの支援や、自分の学びの工夫にも利用できます。

9教授事象は、導入・展開・まとめに大きく整理できます（鈴木, 2002）。

まず、導入として、学習者の注意を引きます（事象1）。次に、何が身につくのかという目標を知らせて（事象2）、必要な前提条件（既有知識）を思い出させます（事象3）。

そして、展開に入っていきます。展開には、さらに2つの作業があります。新

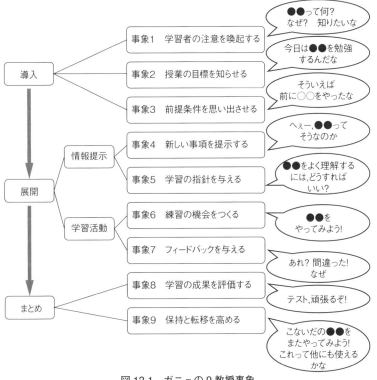

図12-1　ガニェの9教授事象

しい事柄を提示して記憶に組み込む作業（事象4, 5）と，いったん記憶に組み込まれたものを引き出すための道筋をつける作業（事象6, 7）です。

最後に，まとめとして，出来具合を確かめて（事象8），学んだことを忘れないようにします（事象9）。

## 9教授事象は記憶のモデルと関係している

人間には，新しい事柄を学び，記憶する仕組みが備わっています。この記憶の仕組みを解説した代表的なモデルとしてアトキンソンとシフリンの「二重貯蔵モデル」（Atkinson & Shiffrin, 1971）があります。9教授事象は，この二重貯蔵モデルがうまく機能し，学習内容をしっかり記憶できるように考えられています。

記憶のモデルには，感覚登録器，短期記憶，長期記憶と呼ばれる場所があります（図12-2）。まず，外界の情報は感覚登録器に瞬間的にそのまま保持されます。その中で，注意を向けた情報だけが短期記憶に入ります。短期記憶は，ワーキングメモリ（作動記憶）と呼ばれることもあります。短期記憶は数十秒程度しか情報を保持できず，容量にも限界があります。一方，長期記憶は大量の情報を永久に保持できるといわれています。私たちが授業の中で学んだり，日常生活の中で得た知識は，この長期記憶に保持されています。

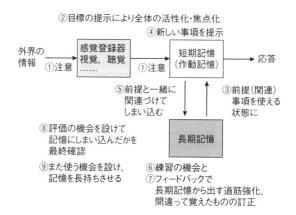

**図12-2　9教授事象と記憶のモデルとの関連**（出典：鈴木，2002を参考に作成）
注：丸で囲まれた数字が事象に対応

## 9 教授事象を適用した授業例

表 12-1 は，9 教授事象を長方形の面積の授業に適用したものです。それぞれの事象をどのように授業に適用したのかを確認しましょう。

表 12-1　9 教授事象の詳細

| 事象 | 算数「長方形の面積」の例 | 事象の説明 |
| --- | --- | --- |
| 1. 学習者の注意を喚起する | 縦と横のサイズが違う 2 冊の漫画本を見せてどちらが大きいかと問いかける。 | 短期記憶に情報が入りやすくするために，学習者の注意を引きつけるような働きかけをする。 |
| 2. 授業の目標を知らせる | どちらの本も長方形であることに気づかせ，長方形の面積を計算する方法が今日の課題であることを知らせる。 | 目指すゴールを掲げ，学習者の情報処理過程を自らの力で焦点化し，学習内容に集中できるように促す。 |
| 3. 前提条件を思い出させる | 長方形の相対する辺が平行で，角が直角であること（既有知識）を確認する。すでに習った正方形の面積の公式（既有知識）を思い出させる。 | 記憶しやすくするために，新しい学習内容に関連する，前提知識や既有知識を長期記憶から引っぱり出して使える状態にする。 |
| 4. 新しい事項を提示する | 新しい学習内容として，長方形の面積の公式（面積＝縦×横）を提示し，この公式を複数の例に適用してみせる。 | 新しい学習内容を提示する。図表を使ったり，具体例を豊富に使ったりして，適切な見せ方（説明の仕方）を工夫する。 |
| 5. 学習の指針を与える | 正方形の面積の公式と長方形の面積の公式とを比較させ，どこが違うのかを考えさせる。同じ所，違う所に着目させ公式の適用を促す。 | しっかり記憶できるように，事象 3 で引っぱり出した前提知識や既有知識との違いや類似性を考えさせたり，なぜそうなのか理由を考えさせたりする。 |
| 6. 練習の機会をつくる | これまでの例で使わなかった数字を用いて，縦と横の長さの違う長方形の面積をいくつか自分で計算させる。 | 新しい学習内容が長期記憶にしまえたかを確かめるために，情報を取り出したり技能を応用したりする練習の機会をつくる。 |
| 7. フィードバックを与える | 正しい答えを板書し，答えを確認させる。間違えた児童には，誤りの種類に応じてなぜ間違ったのかを指摘する。 | 練習の結果は，すぐにフィードバックする。失敗から学ぶことは多い。失敗を歓迎し，どうすればよくなるのかを考えさせる。 |
| 8. 学習の成果を評価する | 簡単なテストで学習の達成度を調べて，できていない児童には手当てをすると共に次の時間の授業の参考にする。 | 評価自体も学習を促す働きかけの 1 つ。新しい学習内容をしっかりと習得できたかを確認するために，十分な練習の機会を与えた後に，緊張感のもとでテストをする。 |
| 9. 保持と転移を高める | 忘れたと思える頃に，長方形の面積の出し方を確認する。また，平行四辺形や台形の面積の出し方を考えさせる。 | 最後に，学習成果を記憶し続け，また他の学習への応用ができるように，忘れた頃に復習や発展学習の機会をつくる。 |

出典：鈴木，2002 の表 6-1 を参考にして作成

## 9 教授事象の使い方の留意点

　9教授事象に示される9つの構成要素に基づくと，学び（学ぶ・教える）ということを実際にどのように進めるかを考える際に役立ちます。一方で，これらは状況に応じて柔軟に利用するようにしてください。

　すべての事象を毎回使う必要はありません。例えば，すでに目標（事象2）がわかりきっているなら述べる必要はありませんし，時間がなければ練習とその出来具合を確認するだけで，事象9は省略することもあるでしょう。あるいは本当にちょっとだけ教える場面であれば，事象3・4・5だけを意識することもあると思います。また，事象4と事象5が複数回あるなど，1回の教える・学ぶ場面で，ある事象や複数の事象が何回も登場することはよくあります。

　順番も別に上から順にというわけではありません。あくまでも構成要素ですから，順番は参考程度でよいと考えてください。例えば，復習をしてから（事象3），事象2（目標）が来る場合もあるでしょう。しかしもちろん事象3のあとに事象4や事象5に進めてほしいので，順番が重要そうなところは配慮してください。

### もう一度考えてみよう！

「最初に考えてみよう！」で取り上げた授業は，9教授事象に基づいていましたか。不足している事象をあげてみましょう。

## 学びの工夫例

9教授事象は，学ぶ側（自分の学習の工夫）にも，教える側にも役立ちます。表12-2から表12-5に導入・展開（情報提示）・展開（情報活動），まとめについてのヒントをまとめました。

表12-2　導入：新しい学習への準備を整える

| 学ぶ側 | 教える側 |
|---|---|
| 1. 注意が続くようにする（情報の受け入れ態勢をつくる）<br>• 勉強の環境を整え，勉強に対する「構え」ができるように工夫する<br>• マンネリになり，注意力が散漫にならないように，気分転換をはさみながら進める。<br>• なぜだろう，どうしてそうなるのという素朴な疑問や驚きを大切にする | 1. 学習者の注意を喚起する（情報の受け入れ態勢をつくらせる）<br>• パッチリと目が開くように，変わったもの，突然の変化などで始める<br>• またあのつまらない時間がきたと思われないよう，毎時間新鮮さを追求する<br>• えーどうして？という知的好奇心を刺激するような問題，矛盾，既有知識を覆す事実を使う |
| 2. 目標を確認する（頭を活性化し，重要な情報に集中する）<br>• ただ漠然と時を過ごすことがないように，「今日はこれを学ぶ」を最初に明らかにする<br>• 授業の目標が何かを意識しながら授業を聞く。提示されないときは，自分なりに目標を予想してみる<br>• どんな点に注意して話を聞けばよいか，チェックポイントは何かを考える<br>• 今日学ぶことが今後どのように役立つかを確認し，目標に意味を見つける<br>• 目標にたどり着いたときに，すぐにそれが実感でき，喜べるようにあらかじめゴールを確認する | 2. 授業の目標を知らせる（頭を活性化し，重要な情報に集中させる）<br>• ただ漠然と時を過ごすことがないように，「今日はこれを学ぶ」を最初に明らかにする<br>• 何を学んだらよいのかは意外と把握されていない。何を教え/学ぶかの契約をまず交わす<br>• どんな点に注意すればよいか，チェックポイントは何かを確認する<br>• 今日学ぶことが今後どのように役立つかを確認し，目標に意味を見つける<br>• 目標にたどり着いたときに，すぐにそれが実感でき，喜べるようにあらかじめゴールを確認する |
| 3. 前提条件を思い出す（今までに学んだ関連事項を思い出す）<br>• 新しい学習がうまくいくために必要な基礎的事項を復習し，記憶をリフレッシュする<br>• 新しく学ぶことに関係しそうなことをあらかじめ思い浮かべておく<br>• 授業が始まる前に以前習ったことの復習をしておく。間違って理解していなかったかを改めて見直す<br>• 難しいと感じたときは，わかるところまで戻り，理解してからのぞむ | 3. 前提条件を思い出させる（今までに学んだ関連事項を思い出させる）<br>• 新しい学習がうまくいくために必要な基礎的事項を復習し，記憶をリフレッシュする<br>• 今日学ぶこととこれまでに学んできたこととの関係を明らかにする<br>• 前に習ったことは忘れているのがあたりまえと思って，改めて確認する方法を考えておく<br>• 復習のための確認小テスト，簡単な説明，質問等を工夫する |

表 12-3　展開（情報提示）：新しいことに触れる

| 学ぶ側 | 教える側 |
|---|---|
| 4.新しい事項を知る（何を学ぶかを具体的に知る）<br>• 手本を見る／確認する意味で，今日学ぶことを整理してみる<br>• 一般的なレベルの情報（公式や概念名など）だけでなく，具体的な例を思い浮かべる，あるいは示してもらう<br>• 新しい事項をその内容がわかりやすい形（文字，図解，動画，音声）で見ることができるようにする<br>• 一度に覚えることを厳選し，記憶の限界を超えないようにする<br>• 図や表やイラストなど，図解を活用して，全体像がわかりやすく，違いが捉えやすいようにまとめていく | 4.新しい事項を提示する（何を学ぶかを具体的に知らせる）<br>• 手本を示す／確認する意味で，今日学ぶことを整理して伝える<br>• 一般的なレベルの情報（公式や概念名など）だけでなく，具体的な例を豊富に使う<br>• 学ぶ側にとって意味のわかりやすい例を選ぶ／考案する，あるいは自分の言葉で置き換える<br>• まず代表的で比較的簡単な例を示し，特殊な，例外的なものへ徐々に進む<br>• 図や表やイラストなど，全体像がわかりやすく，違いが捉えやすい表示方法を工夫する |
| 5.学習の指針を考える（意味のある形で頭に入れる）<br>• これまでの学習との関連を踏まえながら，今まで知っていることとつなげて頭にしまい込む<br>• よく知っていることや，似たような枠組みのものと対比しながら，類似点や相違点を考える<br>• 新しく学んだことを自分なりの言葉で説明できるようにする<br>• どうしてもわからないときは他者に援助要請して考え方のヒントをもらう | 5.学習の指針を与える（意味のある形で頭に入れる）<br>• これまでの学習との関連を強調し，今まで知っていることとつなげて頭にしまい込む<br>• よく知っていることとの比較，たとえ話，比喩，語呂合わせなど使えるものは何でも使う<br>• 思い出すためのヒントをできるだけ多く考え，ヒントの使い方も合わせて覚えるようにする |

表 12-4　展開（学習活動）：自分のものにする

| 学ぶ側 | 教える側 |
|---|---|
| 6.練習の機会をつくる（頭から取り出す練習をする）<br>• テキストの練習問題を無視せず積極的にやる。練習がないときは自分で練習問題をつくってやってみる<br>• 自分で実際にどれくらいできるのかを，手本を見ずにやってみて確かめる<br>• 最初は，簡単な問題から取り組むなど，練習を段階的に難しくする<br>• 応用力が目標とされている場合は，今までと違う例でできるかやってみる | 6.練習の機会をつくる（頭から取り出す練習をさせる）<br>• 自分の弱点を見つけるために，本番前の予行練習を失敗が許される状況で十分に行う<br>• 自分で実際にどれくらいできるのかを，手本を見ずにやってみて確かめる<br>• 最初は，簡単な問題から取り組むなど，練習を段階的に難しくする<br>• 応用力が目標とされている場合は，今までと違う例でできるかやってみる |

| 学ぶ側 | 教える側 |
|---|---|
| 7.フィードバックを得る（学習状況をつかみ，弱点を克服する）<br>• 振り返りを重視し，失敗から学ぶために，どこがどんな理由で失敗だったか，どう直せばよいのかを考える<br>• フィードバックがないときは，得られるように努力する，友人たちと意見交換する，自分で考えてみる<br>• 成功はしっかり喜び，失敗には適度に落胆してなぜ失敗だったかを調べるようにする | 7.フィードバックを与える（学習状況をつかみ，弱点を克服させる）<br>• 失敗から学ぶために，どこがどんな理由で失敗だったか，どう直せばよいのかを追求する<br>• 失敗することで何の不利益もないよう安全性を保証し，失敗を責めるようなコメントを避ける<br>• 成功にはほめ言葉を，失敗には助言（どこをどうすれば目標に近づくか）をプレゼントする |

表 12-5 まとめ：でき具合を確かめ，忘れないようにする

| 学ぶ側 | 教える側 |
|---|---|
| 8.学習の成果を評価する（成果を確かめ，学習結果を味わう）<br>• 学習の成果を試す「本番」として，十分な練習をした後でテストにのぞむ<br>• 本当に目標が達成されたかを確実に知ることができるよう，十分な量と幅の問題を用意する<br>• 客観的に評価結果を受けとめて対応を考える<br>• 学んだ内容を振り返りながら理解度を確かめる | 8.学習の成果を評価する（成果を確かめ，学習結果を味わわせる）<br>• 学習の成果を試す「本番」として，十分な練習をするチャンスを与えた後でテストを実施する<br>• 本当に目標が達成されたかを確実に知ることができるよう，十分な量と幅の問題を用意する<br>• 目標に忠実な評価を心がけ，首尾一貫した評価（教えてないことをテストしない）とする |
| 9.保持と転移を高める（長持ちさせ，応用がきくようにする）<br>• 一度できたことも時間がたつと忘れるのが普通と考え，忘れた頃に自分で思い出してみる<br>• 再確認の際には，手本を見ないでいきなり練習問題に取り組み，まだできるかどうか確かめる<br>• 一度できたことを応用できる場面がないかを考え，次の学びにつなげていく<br>• 達成された目標についての発展学習を用意し，目標よりさらに学習を深めていく | 9.保持と転移を高める（長持ちさせ，応用がきくようにさせる）<br>• 一度できたことも時間がたつと忘れるのが普通なので，忘れた頃に再確認テストを計画しておく<br>• 再確認の際には，手本を見ないでいきなり練習問題に取り組み，まだできるかどうか確かめる<br>• 一度できたことを応用できる場面（転移）がないかを考え，次の学びにつなげていく<br>• 達成された目標についての発展学習を用意し，目標よりさらに学習を深めていく |

## 事例

### 学ぶ側―佐藤さんの場合

　佐藤さんは授業を単に聴いているだけで，授業内容もあとであまり思い出せないと感じており，それは教員の教え方が悪いからだと思っていました。9教授事象を知り，それにそって自分の受講姿勢を考えてみることにしました。9教授事象を踏まえながら，事象の不足分を補いながら授業を受けてみることにしました。教員の授業は単に新しいことをひたすら提示していくだけ（事象4）とわかったので，その授業内容だけでなく，まずはこれまで習ったことの中で特に関わる事項は何かを考え，それと関連づけて考えていくようにしました（事象3・5）。また，本当に理解できたのかについて自分でも判断がつかなかったので，自分で重要な部分をピックアップしておき，それをあとで説明できるかを授業の中で少し余裕があるときに頭の中で確認するようにしてみました（事象6）。わからなければ前に戻って思い出すようにしました（事象7）。佐藤さんは自分が積極的に受講していくようになったと感じました。

### 教える側―高橋君の場合

　高橋君は，友人に離散数学の問題について教えてほしいと頼まれ，9教授事象を参考にしながら教えることにしました。特に注意を引く必要はなく，目標も明確だったので（事象1・2），友人の理解状況を確かめることから始めました。解けない問題よりも簡単な問題（事象3）を解いてもらいましたが，そこでもつまずくことがわかりました。高橋君は既有知識に問題ありと判断し，友人に授業内容をさかのぼって確認してもらいました。以前の内容と関連づけながら，その問題を解くために必要な事項を改めて確認しました（事象4・5）。そして，実際にその問題を解けるようになったことを確認しました。さらに本当にわかったのかを確認するために，他の練習問題もやってもらいましたが（事象6・7），だいたいできていたので今回はそこで終わりとしました。忘れた頃に，これもやってみてと類題を渡しました（事象9）。高橋君は頼られたことと役に立てたことが少しうれしいと感じました。

## 練習

1. 次の（ア）～（ケ）は，「味噌汁をすでに作ることができる人が，豚汁を作ることができるようになる」ための活動です。これらの活動は，どの事象に相当しますか？ 事象の順番に並び替えてください。

　（ア）試しに豚汁を作ってみる　　　　　　　　　　　　　　　（事象　　）
　（イ）味噌汁を作れることを確認する　　　　　　　　　　　　（事象　　）
　（ウ）豚汁を作る手順を説明する　　　　　　　　　　　　　　（事象　　）
　（エ）試しに作った豚汁の問題点を，レシピを参考にして直す　（事象　　）
　（オ）「豚汁が作れるようになること」を目指すことを確認する（事象　　）
　（カ）実技テストで豚汁が作れるかをチェックする　　　　　　（事象　　）
　（キ）おいしそうな豚汁の写真を見せて興味を引く　　　　　　（事象　　）
　（ク）味噌汁と豚汁の作り方を比較しながら考えさせる　　　　（事象　　）
　（ケ）忘れたころに，豚汁を作る。シチューにも挑戦させる　　（事象　　）

2. メールの宛先の指定方法である TO，CC，BCC の使い方を教えるために，以下の流れを考えました。9教授事象のうち，不足している事象は何ですか？ あなたが教える側だとしたら，その事象を補うために，どのような活動を行いますか？ 具体的な活動を提案してください。
　※具体的な活動が思いつかないときは，「参考：学びの工夫例」（131 ～ 133 ページ）を参照しましょう。
　①「メールの宛先の指定方法である TO，CC，BCC を適切に使えるようになる」という目標を伝える　　　　　　　　　　　　　　　　　　　　　　　（事象　　）
　② TO，CC，BCC の機能と用途を説明する　　　　　　　　　　（事象　　）
　③いくつかの事例について，TO，CC，BCC のどれを使えばよいかを考えてもらい，実際にメールを送信してもらう　　　　　　　　　　　　　　　　　（事象　　）
　④教員が③について正解と不正解を解説する　　　　　　　　　（事象　　）
　⑤別の時間に，TO，CC，BCC のどれかを使ってメールを送信しなければならない課題を行う　　　　　　　　　　　　　　　　　　　　　　　　　　（事象　　）

# フィードバック

1. （ア）事象6　（イ）事象3　（ウ）事象4　（エ）事象7　（オ）事象2
   （カ）事象8　（キ）事象1　（ク）事象5　（ケ）事象9

| 事象1：注意喚起 | （キ）おいしそうな豚汁の写真を見せて興味を引く |
|---|---|
| 事象2：目標提示 | （オ）「豚汁が作れるようになること」を目指すことを確認する |
| 事象3：前提条件 | （イ）味噌汁を作れることを確認する |
| 事象4：新事項の提示 | （ウ）豚汁を作る手順を説明する |
| 事象5：学習の指針 | （ク）味噌汁と豚汁の作り方を比較しながら考えさせる |
| 事象6：練習の機会 | （ア）試しに豚汁を作ってみる |
| 事象7：フィードバック | （エ）試しに作った豚汁の問題点を，レシピを参考にして直す |
| 事象8：学習成果の評価 | （カ）実技テストで豚汁が作れるかをチェックする |
| 事象9：保持と転移 | （ケ）忘れたころに，豚汁を作る。シチューにも挑戦させる |

2. ①事象2　②事象4　③事象6　④事象7　⑤事象9
   不足しているのは，事象1，3，5，8です。下表の活動が考えられます。

| 事象1：注意喚起 | メールソフトのTO，CC，BCCの欄を見てもらい，どのようなときに使用するものかを考えてもらう |
|---|---|
| 事象2：目標提示 | ①「メールの宛先の指定方法であるTO，CC，BCCを適切に使えるようになる」という目標を伝える |
| 事象3：前提条件 | 通常のメールの宛先の指定方法を思い出してもらう |
| 事象4：新事項の提示 | ②TO，CC，BCCの機能と用途を説明する |
| 事象5：学習の指針 | TO，CC，BCCの機能・用途の違いを表に整理し，自分ならばどのようなときに使用するか，それぞれの使用例も表に整理してもらう |
| 事象6：練習の機会 | ③いくつかの事例について，TO，CC，BCCのどれを使えばよいかを考えてもらい，実際にメールを送信してもらう |
| 事象7：フィードバック | ④教員が③について正解と不正解を解説する |
| 事象8：学習成果の評価 | 具体的な事例を提示し，TO，CC，BCCのどれを使うかというテストを行う |
| 事象9：保持と転移 | ⑤別の時間に，TO，CC，BCCのどれかを使ってメールを送信しなければならない課題を行う |

# 第13章 出入口を明確にする

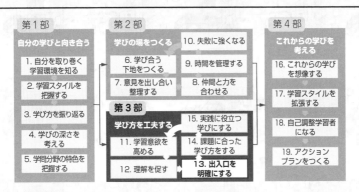

**学習目標**

1. 自分が学習している内容の出入口について，3つのテストでそれぞれ何を確認すればよいのかを示すことができる。
2. 自分が学ぶことについて，学習目標と前提条件を明確に述べることができる。
3. 学習目標の先や前提条件の前に何があるのかを考え，自分なりの学びの構造図を描くことができる。

## 最初に考えてみよう！

みなさんが学習している内容を1つ取り上げ，以下の2つについて考えてみましょう。
- □ その学習をすることで，最終的に自分は何が身についていると思いますか？
- □ その学習をするために，何か基本的な知識やスキルが足りないなと感じたことはありますか？

これらを踏まえながら，本章を読んでください。

## 学びの出入口

　学びには入口と出口があります。数分間の学びでも1科目分でも，はじめ（入口）と終わり（出口）があり，学校の入学と卒業にも該当します。学びの出入口を学習者の状態で捉えれば，図13-1に示すように，学びの出口は「学習者の理想の状態」，入口は「学習者の現在の状態」になります。「学習」は，この理想と現状のギャップを埋める手段です。ギャップは学習者が直面している問題であり，学習の必要性を示します。学習をしなくてもギャップが埋まるのであれば，別の手段を選択するという手もあります。

図13-1　学びの出入口

## 出口：学習目標を明確にしよう

　学びの出口については，学習者が学習後にどうなっていればよいのかを「学習目標」として表します。目標を明確にすることで，ねらいがはっきりし，そこを目指して学びの工夫もしやすくなります。1つの内容を学ぶ場合でも，学習目標は複数になる場合があります。

　学習目標を明確にするには，次の3つの観点から考えます。①「目標行動」は，その学習が終わった後で何ができるようになるのかを，学習者主体で考えます。②「評価条件」は，どのような条件のもとで，目標行動が起こるのかを考えます。仮にテストをするときにどのような場所や環境で何を持ち込めるのかを考えるとイメージしやすいでしょう。③「合格基準」は，テストの点数に代表されるように，合格か不合格かを判断する基準，線引きです。

　例えば「Wordの使い方を教わる」という目標はどうでしょうか。目標行動の観点からは，「教わる」ことではなく，教わった結果として何ができるようになるのかを明示したいところです。評価条件の観点からは，手元のマニュアルを参照しながらでよいかどうかが気になります。合格基準の観点からは，画像が入っているのかなど，何がどの程度なされていれば合格とみなすのか，チェ

ックリストを考えます。これらを合わせると、「Wordを利用して、操作マニュアルを見ながら、画像が入った年賀状をつくることができる」となります。

以上はあくまでも短期的な目標の場合であり、より長期的な目標はもっと漠然としたものになるかもしれません。長期的な場合、大きな目標を達成するために小さな目標をいくつか設けることで、明確化につながります。また、学習目標はテストを作成したり、第14章で述べる「学習課題の種類」を検討したりすることでさらに明確になっていきます。

 ## 入口：学習者の状況を把握しておこう

学びの入口については、表13-1に示すように、把握しておきたいことがいくつかあります。このような内容を踏まえながら、学習者に合った学びをデザインしていく必要があります。

**表13-1 学習者について把握すべき事項**

| 前提条件 | 学習目標を達成するために、学習前にあらかじめ身につけておくべきことや備えておくべき特性を満たしているか |
|---|---|
| 関連知識 | 学習する内容や関連する内容について、どの程度知っている（経験している）か |
| 学習意欲 | 学習意欲はどの程度か。興味はあるか、やりがいはあるか、自信を持てるかなど |
| 学業レベル | 所属する学部のレベルや、一般的な知能レベルなど |
| 学習方法の好み | 個別学習やグループ学習、利用するメディアの好みなど |

出典：ディックら，2004を参考にした

表13-1の中でも特に重要なのは、学習者が入口の時点であらかじめ何を身につけておくべきかを表す「前提条件」です。ただし、前提条件は、深く掘り下げると際限がありません。例えば日本語が使えるかどうかは、小さい子どもや外国人でない限りは、あたりまえに身につけていると考えてもよいでしょう。前提条件は、学びに必要になってくる内容のうち、対象となる学習者に、事前に確かめておいたほうがよさそうなものを考えます。

学習は積み重ねですから、たとえ暗黙であっても要求されている前提条件があると考えるほうが自然です。自分は前提を満たしているかどうかに考えを巡

らすことも，学びを効果的・効率的にするためには有効です。

## 出入口を確認する3つのテスト

　学びの出入口をしっかり把握して，学びを効果的・効率的に進めていくためには，「3つのテスト」を考えることが有効です。図13-2を見てください。縦軸の「到達度」は「ここまでだった人が（入口：前提条件），ここまで到達すべきである（出口：学習目標）」ことを表します。大学のシラバスなら，出口は「学修目標」，入口は「先修要件」が該当します。一方で横軸の「時間」は「この時からはじめて（入口），この時までに終わる（出口）」のように，時間の流れで捉える視点です。学習のために確保した時間ということになります。図13-2の中央にある「学習」は，「授業」「科目」と置き換えても差し支えありません。

　それでは「3つのテスト」を詳しく見ていきましょう。まず，イメージしやすいのが「**事後テスト**」です。事後テストは，学習が終わったあとで学習目標に到達したかどうかを確かめるテストです。学校では定期試験やレポート課題が該当します。合格すれば目標に達したことになりますし，不合格ならまだ目標に到達していないので，もっと努力することが必要となります。

　「**前提テスト**」は，前提条件に到達しているのかを確認するもので，学習開始前に行います。学習してよいかどうかの資格を問います。前提テストに合格な

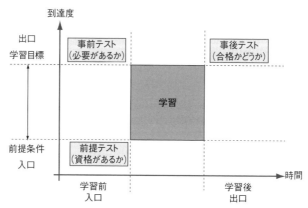
図13-2　**3つのテスト**（出典：稲垣・鈴木, 2011を一部変更）

ら学習に進みますが，不合格であれば，その学習をするには知識やスキルが不足していて学習についていけないことになるので，もっと基礎的な部分を学んでから出直すべきである，となります。

　「**事前テスト**」は，事後テスト（出口）と同じレベルの問題，すなわち学習目標へ到達しているかどうかを確かめる問題で構成し，学習の開始前に実施します。これは学習の必要性の確認になります。つまり事前テストに合格であれば，すでに目標（出口）に到達しているわけですから，学習する必要がありません。もっと上位の内容や他の内容を学ぶべきであることがわかります。前提テスト（資格）と事前テスト（必要性）は混同しがちですので注意してください。また，入口で行うテストによって，わかっている部分とわかっていない部分を把握できるので，自分の到達度をあらかじめ診断し，わからない部分だけを学習することで効率をアップすることもできます。

 **学びの構造をイメージする**

　学びの多くは積み重ねで成り立っています。出口に到達することは，また新たな出発，つまり次の学びの入口であるように，毎回ゼロからの出発ではなく，学びはつながっていくのです。したがって，出口の後には何があるのか？　入口の前には何があるのか？　を考えてみることが重要です。

　学ぶ内容のつながりを視覚的に表現するとすれば，学習内容を箱で表し，それらを線でつないでいくと「学びの構造図」ができあがります（図13-3）。箱の大小は様々で，例えば，授業1回分の学習項目，1科目における各回の内容，カリキュラム全体における各科目などで整理する（1つの箱に収める）ことができます。単純な例として，「中級英語」の箱の下に「初級英語」の箱があり，両方が線でつながっている構造図であれば，中級英語の入口（前提）は初級英語の出口（目標）相当になります。3つのテストを踏まえると，より考えやすくなると思います。

　中級英語の例は，図13-3でいえば，「a.階層」の考え方になります。上の箱を学ぶには下の箱を学んでいる必要があるという階層的な構造になっています。しかし学びのつながりは階層構造だけではありません。例えば，単に暗記すべ

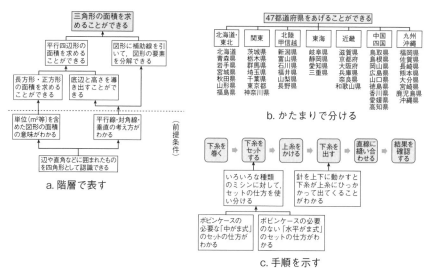

図 13-3　学びの構造図（出典：稲垣・鈴木，2011 で課題分析図として紹介）

きものなら図 13-3 の「b. かたまり」のように，覚えるべき項目をかたまりに分けることで整理できます。順番に実行するものなら，「c. 手順」のように行うべきステップを示して，そのステップを習得するのに必要な内容がぶら下がる場合もあります。他にも，これらを複合して表現することもできます。

　大学の履修の手引きの多くには，入学から卒業までに何が習得できるのか，科目の関連図が示されています。構造がわかれば，わからないときに前に戻ったり，将来的にとりたい科目を見据えて基礎的な科目を受講したりすることもできます。学びの構造を把握して，計画的に学びを進めましょう。

## もう一度考えてみよう！

本章の最初に考えた，学習している内容について，1つ目の項目を学習目標，2つ目の項目を前提条件の視点で考えてみましょう。また，3つのテストの観点から，それらを確認するにはどうしたらよいのかを考えてみましょう。

## 学びの工夫例

表13-2に3つのテストや学びの構造図の考え方を活用して，学ぶ・教える場面での工夫を考える場合のヒントを示します。

表13-2　3つのテストや学びの構造図活用のヒント

| 学ぶ側 | 教える側 |
| --- | --- |
| ・前提条件に満たない（前提テスト不合格相当の）場合は，そもそもついていけないのだから，前に戻って復習する。 | ・教えるべき内容の前提条件を確認し，それに達していない（前提テスト不合格相当の）場合は，より基礎的な内容についてまずは復習させる。 |
| ・学習の最初に，事前テストになりそうな問題を網羅的にピックアップして実際に解いてみて，わからないところだけを学習する。<br>・授業の内容をすでに知っている（事前テスト合格相当）なら，もっと上の内容に挑戦する方法を検討する。 | ・教える内容について，最初にどの程度わかっているのかを確認し（事前テスト相当），わかっていないところを中心に教える。<br>・すでにわかっている人に対しては，応用的な内容をやってもらうか，あるいは次に進ませるようにする。 |
| ・事後テストが用意されていないのなら，自分で用意して到達度を確かめる。<br>・学習目標に到達していないのなら（事前テスト不合格相当），どこがつまずいているのか，何が問題なのかを考える。 | ・きちんと身についたかを確かめるために，最後にテストを用意して確認する。<br>・学習目標に到達していないときは（事前テスト不合格相当），どこがつまずいているのか，何が問題なのかを考えて，対応する。 |
| ・学習目標があいまいな場合は，明確化を考えてみることで，目指すべきところが見えるし，難易度もわかる。 | ・あいまいにならないような目標を設定して，それを相手に伝えてから，教えるようにする。 |
| ・自分が学んでいるときにわからないことがある場合は，階層関係を思い浮かべて，下位に戻ることを考える。 | ・学習者にわからないことがある場合は，階層関係を思い浮かべて，下位に戻ることを考える。 |
| ・学びの構造を思い浮かべて，学んでいること同士の関係を考えてみる。どことどこがつながっているのかを把握し，既有知識をうまく活用しながら学んでいく。 | ・学びの構造を思い浮かべて，教えている内容の要素間の関係を考えてみる。どことどこがつながっているのかを把握し，既有知識をうまく活用しながら学ばせる。 |
| ・履修科目を，自分が進みたい方向と，科目間の関係や構造を考慮しながら選択する。 | ・履修登録の際に，科目間の関係や構造を示しながら，どの科目をとるべきかを考えるように促す。 |

##  事例

###  学ぶ側―佐藤さんの場合

　佐藤さんは，1年前期の数学の授業で，かなりの苦戦が予想されました。高校時代の数学もやっとついていっている状況でしたが，購入したテキストを見た瞬間に，これはヤバイと思いました。そこで，しっかりと学んでいくために，3つのテストの観点から，学習方法を検討してみることにしました。

　まず，シラバスを見て初回の授業を聞いた結果として，各回の授業が相互に関連し合っていることがわかりました。すなわち，前の回は後の回の前提条件になっている場合が多いようでした。幸いにもテキストには，章末に練習問題があったので，それをテストとして活用することにしました。授業で扱う内容は明らかに自分にとって新しいものだったので，事前テストは省略し，事後テストと前提テストを作成し，それを各回の終了後と開始前に行うことにしました。一方で前提テストを作成しているうちに，高校レベルの数学の内容も忘れている部分が多いことに気がつきました。数学の参考書をひっぱり出し，関連しそうなところも，わかる範囲で前提テストに加えました。そして実際にテストを行い，できなかった部分は友人を頼ったりしながら，理解していくようにしました。さらに佐藤さんは，テストを作成した過程自体も，学習になったと感じていました。

###  教える側―高橋君の場合

　高橋君は，友人から資格試験の勉強について相談にのってほしいと頼まれました。以前の受験では残念ながら，不合格になったそうです。友人は，「また一からしっかり勉強だ！」と言っていましたが，高橋君は効率が悪そうだと感じました。資格試験を一度受験している以上，ある程度はわかっているはずだと考えたためです。そこで，友人にはまず過去問を事前テストとして行わせて，その結果をもとに，間違ったところだけを見直していくようにとアドバイスしました。出題範囲の中から毎年出たり出なかったりする分野もあるようだったので，複数年のテストから分野を網羅的に組み合わせて事前テストとするか，複数年の過去問を事前テストとしてやってみるとよいとも伝えました。

## 練習

1. 携帯電話のメールの使い方を学ぶ講座の第2回めで，「受信したメールを見ることがすでにできる人に対して，メールの返信ができるようになることを目指す」という場合，3つのテストのそれぞれで具体的にメールの何ができていることを確認すればよいでしょうか。前提テスト，事前テスト，事後テストについて述べてください。

2. 「将棋の指し方を学ぶ」の学習目標を明確化してください。

3. 大学にとって入試問題は，選抜のためのものですが，見方を変えれば，前提条件の要素も入っていると考えられます。それはなぜか説明してください。

4. 自分がよく知っていることを1つ取り上げ，人に教えることを想定し，学びの構造図を描いてみましょう。

## フィードバック

1. この講座の前提条件は「受信したメールを見ることができる」，学習目標は「メールを送信できる」と読み取れます。したがって，前提テストは「携帯電話で受信したメールを見ることができることを確認する」，事前テストと事後テストは「携帯電話でメールを送信できることを確認する」となります。

2. 「将棋の指し方を学ぶ」という目標は，目標行動，評価条件，合格基準のすべての観点で不明確です。目標を明確化すると，例えば，「コマの動かし方の一覧を見ながら，ルールに全く違反することなく，将棋の対戦ができるようになる」が考えられます。この場合，目標行動は「将棋の対戦ができる」，評価条件は「コマの動かし方の一覧を見ながら」，合格基準は「ルールに全く違反することなく」になります。評価条件を「何も見ないで」とすれば，難易度が上がります。合格基準は「ルール違反2回以内」と緩くもできます。別の目標として「将棋のすべてのコマについて間違わずに動ける範囲を示すことができる」「コンピュータ将棋の初級を対戦相手に，待ったを3回以内で勝利できるようになる」なども考えられます。いずれにしても，目標行動・評価条件・合格基準のすべてに明確であれば正解とします。

3. 一概には言い切れませんが，一番近いのは前提テストの役割です。大学の授業についていけるかどうか，あらかじめ身につけておくべき知識やスキルがあるかどうかを確認していると考えられます。入試は合格すれば入学できるという意味でも，前提テスト（前提条件）ということになるでしょう。これが事前テストであるならば，不合格の人が入学し，合格の人は入学せずに卒業できることになってしまいます。

4. 描く図はどのようなテーマでもかまいませんが，図13-3のように，箱が複数あって，関係している箱が線でつながれている図になっており，箱の中に入っている学習項目の大きさにばらつきがあまりなければ，正解とします。階層関係であるなら，上位の項目の前提条件が下位の項目になります。

# 第14章 課題に合った学び方をする

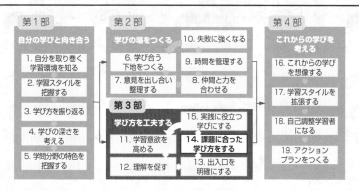

**学習目標**

1. 学習成果の5分類の観点から学習目標を分類できる。
2. 「学習成果の5分類とその作戦表」を用いて，学習目標の種類に合った学び方をイメージできる。

## 最初に考えてみよう！

大学のシラバスや履修の手引きを用意しましょう。履修した，あるいはしている科目を1つ選び，シラバスなどを見ながら印象的な授業1回分を思い出してください。

☐ その回の学習目標はどのようなもので，授業中や授業前後はどんな活動をしましたか？（まさか講義を聞いていただけ!?）

これを踏まえながら，本章を読んでください。

**学び方を考える流れ**

　学びを始めるときに，学習目標を考えると同時に，学習目標の種類を考えることが重要です。学習目標の種類を考えることは，これまでの研究成果に基づいて自分の学びの方向性を決めることにつながるため，どのように学んでいくかの指針が得られるからです。

　例えば図14-1を見てください。「集合の演算ができる」という目標は，単に公式を暗記するものではなく，公式を数式に応用していくことで「知的技能」の分類になります。知的技能と特定したことで目標がより明確になります。この分類では，練習をする際には様々な未知の問題を解いていく必要があるといわれています。なぜなら公式を応用できるかは，単に1つの数式に適用しただけでは判断できないからです。このような未知の問題を解かせるなどの作戦が，あらかじめ分類ごとに整理されています。

　第12章「出入口を明確にする」で，学びには目指すべきところがある（学習目標）という考え方を学びました。本章では図14-1の「(1) 学習目標を明確にする」は省略して，(2) 以降について詳しく説明していきます。自分の経験を思い出しながら読んでみてください。

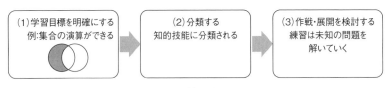

図14-1　学び方を考える流れ

 **学習目標を5つの種類に分類する**

　学習目標の分類方法はいくつか提案されています。ここではガニェによる「学習成果の分類」を紹介します（図14-2）。これは難易度による分類ではなく，学習成果（学びが終わって身についていること＝学習目標）の質的な差に基づい

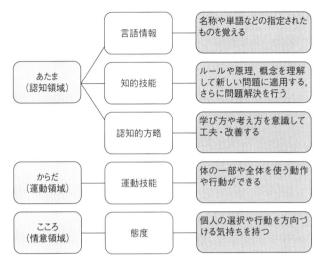

図14-2　ガニェの学習成果の5分類（言語情報・知的技能・認知的方略・運動技能・態度）

たものです（鈴木, 1995）。学習を成立させるために必要な条件の差異に注目した分類となります。

また，難易度による目標の分類方法として，ブルームの「タキソノミー（目標分類学）」も有名です。興味がある人は調べてみましょう。

 **分類のしかた**

分類を考えるときは，はじめに「あたま」「からだ」「こころ」（鈴木, 2002）のどれに関連するかを考えます（図14-2左）。「あたま」「からだ」「こころ」の3つは密接に関係しています。しかし，目標とする中心的なところは，この3つのどれなのかを考えましょう。例えばテニスを思い浮かべてみてください。「からだ」の筋肉に関わるトレーニングが必要でしょう。さらにテニスのルールを覚えたり，ラケットの持ち方を覚えたり，打ち方とボールの回転の関係など，「あたま」を使うことも必要となってきます。「テニスのルールを理解する」ことが目標なら「あたま」,「ラケットでボールが打てる」「テニスでゲームができる」なら「からだ」が,「テニスを好きになる」なら「こころ」が主要な領域と

なることでしょう。

次は学習成果の5分類です。図14-2の各分類の説明と，以下の表14-1の5分類の学習目標例を対応づけながら目を通してください。

表14-1　ガニェの学習成果の5分類の学習目標例

| 分類 | 三角形の例（算数） | 動詞の過去形の例（英語） |
| --- | --- | --- |
| 言語情報 | 三角形の定義を説明できる。 | 不規則動詞を3つ挙げることができる。 |
| 知的技能 | 多様な多角形の中から三角形を選択できる。（三角形の定義＝ルールをもとに応用している） | 提示された現在形の規則動詞を過去形に変形できる。（変形するルールである-edを適用している） |
| 認知的方略 | 三角形を学ぶときに，四角形の半分と考えるという方略を利用できる。 | 不規則動詞について，原型・過去形・過去分詞形が同じものから覚える方法を採用できる。 |
| 運動技能 | 三角形を，定規を使わずにすばやくきれいに描ける。 | 規則動詞を過去形にしたときに，きれいに発音することができる。 |
| 態度 | 身近にある三角形を探してみようという気持ちになる。 | 不規則動詞を自発的に覚えようとする。 |

まず，「からだ」は**運動技能**，「こころ」は**態度**と呼ばれます。運動技能の学習目標は，先に出たテニス（ラケットでボールが打てる）はもちろん，タイピング（10分間で1000字入力できる），料理（包丁を使って大根を千切りにできる），プレゼンテーション（身振り手振りを用いて滑舌よく話すことができる）など，身体を使い，速さや正確さが問われる目標になります。一方で，態度は何かを選択しよう／避けようとする気持ちを持つことが目標になります。わからないことは調べようと思うようになる，レポートを書くときにコピペはやめようと思うようになる，などが態度の学習目標です。

最後は「あたま」です。大学の授業のほとんどは，「あたま」に関する学習目標を設定しているでしょう。「あたま」に関しては3つの分類があります。そのうちの1つの**認知的方略**は学びの工夫です。すなわち本書でやっているようなことで，「あたま」の使い方を身につけることです。その他に，言語情報か知的技能かの分類があり，注意が必要です。

**言語情報**は覚えたことをそのまま思い出せればよいものです。何かを理解し

て，それを単に説明できればよいような目標も言語情報と呼べるでしょう。例えば「ドイツ語の1から10まで読み書きできる」「福祉政策の歴史的変遷を説明できる」「システム開発の手順を説明できる」といったものです。それに対して**知的技能**は，何かを覚えるだけでなく，その覚えたことを応用することが求められます。表14-1を見ると，三角形の定義を説明できるためには，定義を暗記してそれを述べればよいだけなので言語情報です。知的技能では，定義を覚えるだけでなく，その覚えた定義，すなわち見分けるルールを活用して，様々な図形の中から三角形を特定できることが目標になります。大学の授業でいえば，「図書館のOPACを用いて文献検索ができる」「多変数関数の積分を計算できる」「経営環境分析のフレームワークを用いて数社の現状分析ができる」といった目標は知的技能にあたります。言語情報よりも知的技能のほうが高度です。

テストを例に考えると違いがより明確になります。言語情報は覚えたことをそのまま答えないといけませんが，知的技能は覚えたことを未知の課題に適用させる必要があります。足し算を想像してください。13+19を例題に使ったあとで，テストとして13+19を出したら，それは13+19が32であると暗記しただけかもしれません。足し算のルールを学んだか（知的技能）を確かめるなら，27+35や47+54など，他の足し算の問題をいくつか出題し，応用できるかどうかを確認する必要があります。

 ## 学びの作戦をイメージする

学習目標の分類によって，学びの作戦は異なります。例えば言語情報と知的技能の練習方法の違いを紹介します。

先述したとおり，学習目標（課題）が「言語情報」とわかれば，「覚える」ための練習が必要です。「ドイツ語の1から10まで読み書きできる」ことを目指すなら，「eins, zwei, drei…」と書いてみるといった練習が考えられるでしょう。しかしひたすら書く（読む）だけでなく，ちょっと工夫してみましょう。表14-2に学習成果の5分類について，それぞれの学習の指針と練習方法をまとめました。例えば，言語情報の学習の指針の1つに「枠組みへの位置づけ（既有知識との関連づけ）」があります。みなさんはアラビア数字の1から10は書け

るので（既有知識），まずはアラビア数字とドイツ語の対応表をつくってみるという作戦はどうでしょうか？

　次に練習方法を考えます。「ヒント付きの再認，のちに再生の練習」を参考にしてみましょう。再認とは正しいものを選択する方法で，再生とは選択肢なしで書く方法です。例えば，「eins」「zwei」「drei」のようなカードと，アラビア数字だけが書いてある表を用意して，表にカードを当てはめる練習が考えられます（再認の練習）。ヒントとして，表にはドイツ語の頭文字だけを書いておいてもよいかもしれません。できるようになってきたら，いよいよ何も見ないで1から10までドイツ語で書きましょう（再生の練習）。このように，手がかりのある再認形式の練習から，手がかりのない再生形式の練習へ進むことで，効果的に覚えられるでしょう。

　一方で，学習目標が知的技能ならば，覚えたことをそのまま思い出す練習ではなく，覚えたことを未知の例に適用する練習が必要です。例えば「図書館のOPACを用いて文献検索ができる」ことを目指すなら，OPACの操作方法を丸暗記するのではなく，実際にいろいろな文献を検索する練習が必要です。ここでも表14-2を参考にしてみましょう。知的技能の学習の指針の1つに「多種多様な適用例の提示」とあります。まずは文献検索の例を見ることが先決です。OPACのマニュアルが，単なるシステムの操作説明に留まっていたら，「○○の本を探す例を見せてください」と，図書館のスタッフにお願いしてみることが考えられます。

　次に練習を考えてみましょう。表14-2の知的技能の練習にある「単純で基本的な事例からより複雑な事例へ」を参考に，最初は図書館にありそうな本（例えば授業で使っている教科書）を検索してみます。うまく検索できたら，徐々に図書館にはなさそうな文献（例えば海外の論文）を探してみます。知的技能を身につけるには，多様な例に取り組むこと，特に最初は簡単そうな例で練習し，徐々に複雑な（難しそうな）例で練習を積むことがコツです。

　このように，表14-2に示す作戦を，自分の学びに応用しましょう。なお，表14-2はガニェの9教授事象（第12章）から，学習の指針（事象5）と練習とフィードバック（事象6，7）に関する作戦をピックアップしたものです。9つすべての事象の作戦を知りたい方は，鈴木（1995）を参照してください。

表14-2　学習成果の5分類とその作戦

| | 言語情報 | 知的技能 | 認知的方略 | 運動技能 | 態度 |
|---|---|---|---|---|---|
| 課題の性質 | 指定されたものを覚える，理解する | ある約束事（規則）を未知の事例に適用する | 自分の学習過程を効果的にする力，学習スキル | 筋肉を使って体を動かす／コントロールする | ある物事や状況を選ぼう／避けようとする気持ち |
| 課題の具体例 | 人体に関する英単語を書き出すことができる | 前置詞の後に置く代名詞の例を複数あげられる | 工夫してノートにまとめることができる | なわとびの2重跳びを5回以上連続で行う | 地球に優しい生活を心がけようとする |
| 学習の指針(事象5) | ・枠組みへの位置づけ（既有知識との関連づけ）<br>・語呂合わせ，比喩を用いる | ・多種多様な適用例の提示<br>・誤りやすい箇所を指摘する | ・他の場面での適用例<br>・方略使用場面の見分け方を提示する | ・注意点の指摘<br>・成功例と失敗例の差の説明<br>・イメージ訓練 | ・選択行動の重要性についての解説<br>・他者や世論の動向の紹介 |
| 学習の指針の具体例 | ・人のイラストを用意し各部に英単語を書く<br>・ハイ（肺）キングでランラン（lung） | ・「on代名詞」を使った例文を複数あげる<br>・onの後に代名詞がこない例もあげる | ・付箋を使った教養科目のノート例を知る<br>・教科書が分厚い場合に付箋でページ番号を対応づける例を示す | ・二重跳びに適した縄かどうか確認<br>・グリップの良い握り方と悪い握り方を説明<br>・2重跳びの実演を見てイメージ | ・ごみを減らすことの重要性を知る<br>・ごみ問題の新聞記事を読み，環境に配慮する時代だと意識する |
| 練習とフィードバック(事象6,7) | ・ヒント付きの再認，のちに再生の練習<br>・自分独自の枠組みへの整理<br>・習得項目の除去と未習事項への練習集中 | ・単純で基本的な事例からより複雑な事例へ<br>・常に新しい事例を用いる<br>・誤答の原因に応じた下位技能の復習 | ・類似の適用例での採用（最初は強制的でも後に自発的に）<br>・他の学習課題に取り組む中で確認させる | ・手順を意識した補助付き実演から，自立した実行へ<br>・全手順ができたらスピードやタイミングを磨く練習を重ねる | ・疑似的な選択行動場面（あなたならどうする）と選択肢別の結末による疑似体験<br>・他者との意見交換による気づき |
| 練習とフィードバックの具体例 | ・最初は多肢選択問題，徐々に穴埋め問題<br>・化粧をする順序に顔の英単語を当てはめる<br>・覚えた英単語は単語帳から外す | ・「on代名詞」の文を書くことから始める<br>・複数の辞書を使って新しい例文を参照する<br>・代名詞を復習する | ・別の教養科目で付箋を使ってノートを取る<br>・なわとびの2重跳びの注意点を，付箋を使ってノートにまとめる | ・回す練習，つま先ジャンプ練習など部分練習をする<br>・前跳びを早く跳ぶ練習をしてスピードを磨く | ・地域のごみの分別ルールを守る／守らない？と問う<br>・ごみの不法投棄問題について議論する |

出典：鈴木 1995，表III-2 を抜粋し，具体例を追加

## もう一度考えてみよう！

「最初に考えてみよう！」で取り上げた授業の学習目標は，学習成果の5分類のどれですか。また，表14-2の該当する分類の列を縦に見てみると，その授業には当てはまる活動があったでしょうか。

 **学びの工夫例**

本章の内容は，学ぶ側と教える側の両方に使えます。表14-2にもかなりヒントが記載されていますが，以下の表14-3にも工夫のヒントを示します。

表14-3 学習成果の5分類による学びの工夫へのヒント

| 学ぶ側 | 教える側 |
|---|---|
| ・自分が直面している課題が，学習目標の分類のどれに当てはまるかを考えることで，目標を明確にする。例えば言語情報ではなく実は知的技能として考えなければいけなかった（数学なのに過去問を単に暗記していた），あるいは言語情報ではなく実は態度だった（覚えることが重要ではなく，どのような姿勢で進めていくかだった）など，自分自身でも目標をきちんと把握できていないときはある。<br>・授業を受けるときに，学習目標の分類を特定し，それによって，学びの流れや，具体的な学びの作戦をイメージする。授業の展開などが不足すると考えられた場合は，自分で補うなどの対応をする。例えば言語情報なら知っている知識と関連づけて覚える。知的技能なら授業ではやらなかった類題に取り組む。運動技能であれば，苦手な部分を練習してから全体練習をする。 | ・教える際に，その教える内容の目標を考え，どの分類に当てはまるかを考えることで，さらに目標を明確にする。例えば，自分が教えようとしていることと，分類が一致しているのか，本来はもっと高度な内容のはずなのに，単に知識の伝達（言語情報的）になっていないかなどを考える。態度を身につけるべきところを，知識だけにとどまっていて，あまり気持ちの面を考えていないときなど，考えていた目標と実際の不一致はよく見られる。<br>・学習目標の分類によって教え方を変えるようにする。学習目標の分類を特定し，それによって学びの流れや，具体的な学びの作戦をイメージしておく。言語情報であれば理解してもらうことを重視する。知的技能であれば新しい例にもうまく適用できるように意識して進める。運動技能であれば全体と構成するステップを踏まえておく。態度であればどうやったら説得力が増すかを考える。 |

##  事例

 **学ぶ側―佐藤さんの場合**

　佐藤さんは1年必修科目の「情報メディア入門」のシラバスを読んでいます。概要に「コンピュータアプリケーションとネットワークの基礎的な知識とスキルの修得が中心」とあり，苦手な内容のようで暗い気持ちになりました。しかしここであきらめてはいけないと，学習目標を5分類に照らしてみました。

　目標1：コンピュータの基本的な構成と技術的な背景に関する知識を修得する。⇨「基礎知識を覚える」ことが中心のようだから言語情報だろう。

　目標2：情報通信技術（ICT）の調査を行い，複数のソフトウェアを組み合わせて調査内容をまとめることができる。⇨「調べて，まとめる」には応用力が求められそう。知的技能のようだ。

　目標3：調査内容について説得力のあるプレゼンテーションをすることができる。⇨プレゼンは身振り手振りを交えて話すわけだから運動技能かな。でも聞き手を説得するコツのような知的技能も含まれていそう。

　自分が得意な運動技能の目標もあって，少し希望が持てました。次は表14-2を参考に，学びの作戦を立ててみようと思いました。

 **教える側―高橋君の場合**

　学習センターに，表計算ソフトでグラフの作成ができないという1年生が相談に来ました。チューターの高橋君は，この課題の種類は「知的技能」だと思いました。授業で説明された機能を覚えるだけでなく，覚えた機能を応用する課題だからです。よく話を聞くと，相談者はグラフを作る前提となる表計算ができないことがわかりました。そこで，表14-2を参考に，表計算機能を教えることにしました。基礎的な説明は教科書に書いてあるので（事象4），高橋君は間違いやすいポイントだけを解説しました（事象5）。次に教科書とは別の書籍を使って，類似の練習問題に取り組んでもらいました（事象6，7）。類題を解くうちに，相談者はグラフに必要な表を作成できるようになりました。その後，高橋君が見守る中で，教科書を参考に課題に取り組んでもらうと，グラフができました。独力でグラフを作成できたことで，相談者は自信を持ったようです。

## 練習

1. 次の学習目標の分類（学習成果の5分類）は何でしょうか？
   (1) 運動をやってみようという気持ちになる。
   (2) 50m走を9秒で走れるようになる。
   (3) 相手に合わせて正しい敬語を使えるようになる。
   (4) 花の名前を漢字で5個書けるようになる。
   (5) 自分が何を理解し，何がわからないのかを自覚できる。

2. 表14-2「学習成果の5分類とその作戦」を参考に，問1の各学習目標について最も適した練習方法を選択し，理由を述べてください。
   (1) 運動をやってみようという気持ちになる。
      (A) METs（メッツ）という運動の消費カロリーの公式を紙に書いて覚える。
      (B) 歩く，走る，階段をのぼる…などの運動は何METsか計算する。
      (C) 身近な人に，普段行っている運動と，その楽しさを語ってもらう。
   (2) 50m走を9秒で走れるようになる。
      (A) 50m走を9秒で走る様子のビデオを見る。
      (B) 陸上選手に走ることの楽しさを語ってもらう。
      (C) スタート，中盤，ゴール，の3パーツに分けて，パーツごとに練習する。
   (3) 相手に合わせて正しい敬語を使えるようになる。
      (A) よく使う動詞の尊敬語・謙譲語・丁寧語をノートに10個書く。
      (B) ビジネスマナー検定1級取得者に練習方法を聞く。
      (C) まずはゼミの先輩に正しい敬語を使って話してみる。徐々に就職活動の面接や，アルバイトの電話応対などを想定して敬語の練習をする。
   (4) 花の名前を漢字で5個書けるようになる。
      (A) 花の名前（漢字）を5つ選び，ノートに10回ずつ書く。
      (B) 漢字検定1級取得者に練習方法を聞く。
      (C) たくさんの漢字の中から，花の漢字と，樹木の漢字を分類する。
   (5) 自分が何を理解し，何がわからないのかを自覚できる。
      (A) あるテーマについて，自分がいま理解していることをイメージマップとして図にしてみる。別のテーマでも同じように図を描いてみる。
      (B) 自分が理解したいことに関して専門家の講義を聞く。
      (C) 「わからないことを教員に聞くか？」について，友人と意見交換する。

## フィードバック

1. (1) 態度, (2) 運動技能, (3) 知的技能, (4) 言語情報, (5) 認知的方略

**解説**
(1) は気持ちが変わることを目指しており,「こころ」に関する学習目標なので「態度」です。(2) は筋肉の動きが関わる「からだ」の学習目標なので「運動技能」です。(3) は,場面に応じて敬語を使い分ける「応用力」が必要なので,「知的技能」の学習目標です。一方で,(4) は花の名前を漢字で覚えることが目標になるので,「言語情報」です。(5) は自分がどんな学び方をしているかを意識すること(「メタ認知」と呼びます)であり,認知的方略の1つとされています。

2. (1) - (C), (2) - (C), (3) - (C), (4) - (A), (5) - (A)

**解説**
(1) の学習目標は「態度」です。練習は「他者との意見交換による気づき」が有効なため,(C) が正解です。
(2) は「運動技能」です。「手順を意識した補助付き実演から,自立した実行へ」が基本なので,50m 走を3つのパーツに分けて練習する (C) が正解でしょう。(A) のイメージトレーニングも,学習の指針(事象5)としては有効ですが,見ているだけでは走れるようにならないので,練習とフィードバック(事象6, 7)としては (C) のほうが適切です。
(3) は「知的技能」です。「単純で基本的な事例からより複雑な事例へ」という練習が望ましいので,最初は先輩相手に練習し,徐々に様々な相手を想定して練習する (C) が適切でしょう。そもそも正しい敬語がわからないというときは,「言語情報」の目標に切り替えて,(A) の練習も必要になる場合もありますが(誤答の原因に応じた下位技能の復習),暗記に留まっていたのでは実際に敬語を使えるようにはならないので,あくまでも様々な場面で練習することが重要です。
(4) は「言語情報」なので,「ヒント付きの再認,のちに再生の練習」が基本です。今回は再生練習である (A) が適切でしょう。
(5) は「認知的方略」です。(A) は,自分が理解していることを様々なテーマで図にする練習をしており,「類似の適用例での採用」という練習として妥当でしょう。

# 第15章 実践に役立つ学びにする

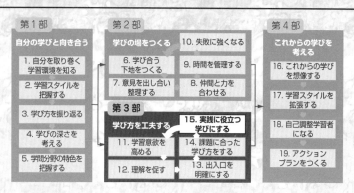

**学習目標**

1. ID 第一原理の観点から，現実に役立つ自分の学びを設計できる。
2. 自分の学びを正統的周辺参加として捉え，どのような行動をとっていくべきかを提示できる。

## 最初に考えてみよう！

普段の学びを振り返りながら，次の2点を考えてみましょう。
□ 学んだはずだけれど，実際に現実場面で活用したら，使えなかった・思い出せなかったということはありますか？
□ 学習は1人で行うものだと思いますか？ それはなぜですか？
これらを踏まえながら，本章を読んでください。

## 現実味のある学びにする

みなさんは，学びというと，教科書や参考書に載っている内容を，どんどん頭の中に詰め込んでいく姿を想像するかもしれません。そのような学びによって，現実で使える知識がどれだけ身につくのでしょうか。学校と現実社会との間にはどうしても差が生まれてきます。学んだはずなのに，生活の中でいざ使おうとしたときに思い出せない，使えないという知識をホワイトヘッドは「不活性知識」と呼びました（Whitehead, 1929）。

社会に出れば，より実践に役立つ学びが必要になってくることは言うまでもありません。自分が直面している場面で，能力が発揮されなければ意味がないからです。ここでは，そのような学び方のヒントを紹介していきます。

## ID 第一原理

実践に役立つ学びを考える視点の1つ目として，ディビット・メリルによる「ID 第一原理」（表 15-1）を紹介します（Merrill, 2002）。ID は Instructional Design の略で，学習環境のデザインに関する理論です。この理論は，ID の領域で近年提案された理論の共通部分を統合したものとなっています。

表 15-1 ID 第一原理の 5 つの要件と簡単な例

| 要件 | 説明 | 簡単な例（表計算ソフト） |
|---|---|---|
| 1) 問題 | 現実に起こりそうな問題に挑戦する | ある企業のサービスの改善を想定し，顧客満足度のアンケートデータを集計・分析し，報告する課題を示す。 |
| 2) 活性化 | すでに知っている知識を動員する | 以前に学んできた統計の基礎知識を活用させる。不明な点は調べられるようにしておく。 |
| 3) 例示 | 例示がある（Tell me でなく Show me） | 集計や分析の方法を説明するだけでなく，実際の集計分析の画面例や報告例を見せる。 |
| 4) 応用 | 応用するチャンスがある（Let me） | 別の企業のアンケートデータを提示し，表計算ソフトによる分析結果をまとめさせ，フィードバックする。 |
| 5) 統合 | 現場で活用し，振り返るチャンスがある | 実践的なプロジェクトに参加させる。事前調査の結果を分析する活動に参加させ，振り返りの機会を設ける。 |

出典：5つの要件は鈴木・根本，2011 より

以降では，ID 第一原理の5つの要件を1つずつ簡単に説明していきます。第12章で紹介した9教授事象と対比しながら考えてみてもよいでしょう。

### ● 問題（Problem）

現実に起こりそうな問題を導入でまず学習者に突きつけ，「どうだ，この問題は解けるか，解けるようになりたいとは思わないか」と挑発し，ぜひチャレンジしたいと思わせるようにします（鈴木・根本，2011）。単純なものでもよいので，現実世界にありそうな問題に取り組ませることで，すぐに役立ちそうな場面を学習者が意識できるようにします。表15-1の例では，表計算ソフトが，どのような場面で活用できるかをまず示しています。基礎から順を追って積み上げると退屈になってしまうので，まず応用場面を示すのがねらいです。

ここでは，できるだけ現実に近い文脈で学ばせることを重視します。これを「真正さ」（Authentic）と呼びます。真正な学習であるほど，学んだ内容を現実場面で活用できる可能性があると考えられています。

### ● 活性化（Activation）

学習者の過去の経験を呼び覚まします。「問題」を解決するために，正解を示す前にまず，「あなたはどうすべきだと思うか」を問いかけ，すでに知っている知識を総動員させます。「あれ，今までに学んだことだけでは不十分だ。何か新しい知恵が必要だ」という壁を実感できれば，それが新しい学びへのきっかけとなります（鈴木・根本，2011）。表15-1の例では，アンケートデータを分析するために，学習者は統計手法の活用を迫られます。以前に学習した統計の基礎を思い出しながら，それだけでは不十分であり，発展的な学習が必要なことに気づきます。そして分析に役立つツールとして表計算ソフトが紹介されます。

### ● 例示（Demonstration）

基本的な情報を与えるときは，あれこれとくどい説明を述べる前に，とにかく例を示します。例えば表計算ソフトの使い方を教えるとき，メニューにある機能を一通り説明するのが Tell me だとすれば，現実の業務でどの場面でその機能が使われているかを示すのが Show me となります（鈴木・根本，2011）。表

15-1 の例では，表計算ソフトのすべての機能を一度に説明するのではなく，アンケートデータ分析の具体的な事例を見せながら，学習者がそこに必要な表計算ソフトの機能やその使い方や意義を理解していきます。熱心に説明してもらったのに，よくわからないという経験は誰にでもあることでしょう。百聞は一見にしかずです。「Tell me でなく Show me」「すぐに事例を見せる」というコツは，学びの場面で役立ちます。

### ● 応用（Application）

学びの中には，「どんな事例があるかわかったら，次は違う例で実際にやってみましょう」という段階が必要です。これを応用といいます。例示（Show me）をした後に応用する（練習する）チャンスがある，つまり Let me（私にやらせてください）です（鈴木・根本，2011）。表 15-1 の例では，まだ例を見せていない別の企業のアンケートデータを提示して，表計算ソフトを活用して分析を行わせます。その結果に対して学習者にフィードバックを行い，どこができていないのか，どうすればよかったのかを考えて把握してもらいます。やりっぱなしでは成長しませんので，どうやってその応用に対してアドバイスやフィードバックなどを得るのかは検討しておく必要があります。

### ● 統合（Integration）

統合とは，学んだことを使う実際の現場で活用し，学びの成果を振り返るチャンスを用意することを意味します。学んだことが実際に活かせたという経験をすることによって，初めて着実に新しい知識やスキルが身につきます。そして，学びの成果を振り返って検討します。それが自らの学びを客観視し，次の学びへ活かすことができる「自律した学び手」の育成にもつながっていきます（鈴木・根本，2011）。表 15-1 の例では，統計分析を用いる別の実践的なプロジェクト（商品の満足度調査からの改善提案など）に参加を促し，習得したスキルを現実場面で応用して，振り返る機会を設けています。

## 社会の中で学ぶ

　実践に役立つ学びを考える観点の2つ目として,「正統的周辺参加」と「認知的徒弟制」を紹介します。みなさんの中には,学習とは一人で行うものだと考えている人も多いと思いますが,ここでは個人の学習から一歩離れた広い視点で,社会の中で人間が学んで成長していく姿を考えてみましょう。

　レイヴとウェンガー (1993) は,「正統的周辺参加」という概念を提唱しました。図15-1のように,外部の人間が,何らかの共同体に入門し,最初は下っ端（新人）の仕事をしながら,ときに周囲の助けを借りながら,熟達している人がこなしている重要な仕事を覚えていくというものです。会社やアルバイトで働く姿を想像するとイメージしやすいと思います。「周辺的」なことから徐々に「十全的」にある役割を果たすようになっていく姿を「学習」と捉え,下っ端であってもその共同体の「正規メンバー（正統的）」とみなします（鈴木, 2007）。「正統的」という言葉が示すように,周辺にいて我関せずとして参加しているのではなく,「当事者として」参加していくのです。

　正統的周辺参加の考え方を大学という共同体（コミュニティ）に適用するなら,図15-2のように1年生が徐々に中核的な研究活動に参加していく過程が,大学の学びであると捉えることができます。

　学生自身は大学のサービスを受けるだ

図15-1　共同体での中心的な役割を果たしていく様子

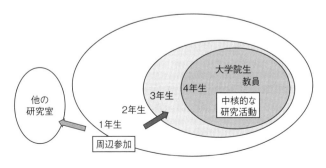

図15-2　大学への参加

けの存在ではなく、正統的に周辺から参加していく当事者であると考えることで、積極的で有意義な学生生活になるかもしれません。アルバイトやサークルなど、コミュニティへの参加場面でも、同じような考え方ができます。

それでは、徐々に参加していくことを成功させるには、どうすればよいのでしょうか。人間関係を円滑にするということも重要ですが、学びという側面からは、ブラウンらによる「認知的徒弟制」が参考になります（Brown et al., 1989）。認知的徒弟制は表15-2の4段階を踏みます（鈴木, 2007）。

**表15-2　認知的徒弟制の4段階**

| ①モデリング | 師匠は、徒弟に自分の技を観察させる |
|---|---|
| ②コーチング | 師匠は、徒弟に学んだ技を使わせてみる。そしてその様子を観察し、アドバイスを与える |
| ③スキャフォールディング（足場かけ） | 徒弟が作業をする。実行困難な場合に師匠は一時的支援（足場かけ）を行う |
| ④フェーディング | 上達に伴って支援（足場）を徐々に取り除く |

ここで注目してほしいのは「足場かけ」の考え方です。足場は自転車の補助輪のようなものです。補助輪をつけながら自分で自転車をこぎ、できそうになってきたらはずします。補助輪（足場）はなくすことが前提で臨時的につけられます。足場かけは、自分でできるようになる・自立していくことを目指して、支援つきであっても基本的には自分でやらせる機会を提供します。自立を促すことは、学びを考えるうえでとても重要です。学ぶ側の視点に立てば、いつまでも教わるばかりではなく、徐々に一人立ちすることを常に意識するということです。できるようになったら、今度は自分が支援する側にまわりましょう。

## もう一度考えてみよう！

本章の最初に考えた2つの点について、振り返ってみましょう。
1つ目で考えたことについて、ID第一原理に照らし合わせて、どのように学習すればよかったのかを考えてみましょう。
2つ目で考えたことについて、社会と関係する部分はありましたか。どのように社会と関係を持つことがよりよい学びにつながると思いますか。

**学びの工夫例**

表 15-3 に ID 第一原理を活用して，学ぶ側・教える側それぞれの場合のヒントを示します。

表 15-3　ID 第一原理活用のヒント

| 学ぶ側 | 教える側（鈴木・根本，2011 を参考） |
|---|---|
| 1）問題（Problem）：現実に起こりそうな問題に挑戦する ||
| • 現実の文脈と切り離されて説明されたとしても，現実世界で起こりそうな問題を考え，学んでいることが，その解決にどのように寄与しそうかを想像してみるか，調べてみる<br>• 問題に挑戦できる機会を見逃さないようにする | • 現実世界で起こりそうな問題解決に学習者を引き込む<br>• 学習するとどのような問題が解決できるようになるのかを示す<br>• 解決すべき問題を徐々に難しくして何度もチャレンジさせ，問題同士で何が違うのかを明らかに示す |
| 2）活性化（Activation）：すでに知っている知識を動員する ||
| • 新しく学ぶ知識の基礎になりそうな過去の経験から得た知識を思い出し，関連づけてみる<br>• 新しく学ぶ知識の基礎になることを学習前に考えて，実際に経験しておく<br>• すでに知っている知識やスキルを使う機会をうかがいながら学習を進める | • 新しく学ぶ知識の基礎になりそうな過去の経験から得た知識を思い出させ，関連づけさせる<br>• 新しく学ぶ知識の基礎になるような関連する経験を学習者に与える<br>• 学習者がすでに知っている知識やスキルを使う機会を与える |
| 3）例示（Demonstration）：例示がある（Tell me でなく Show me） ||
| • 言葉での説明ばかりがなされていたら，実例を考えるか，例を提示してもらうように要求する<br>• 関係する複数の事例を参照したり，比較したりする<br>• 実際の具体的な例が見えるような画像・音声・動画などをネットで探す | • 新しく学ぶことを単に情報として「伝える」のではなく「例示」する<br>• 関係する複数の事例を用いたり，複数の例示を比較して相違点を明らかにしたりする<br>• 具体的な事例を提示できるようにメディアをうまく活用する |

| 4）応用（Application）：応用するチャンスがある（Let me） ||
|---|---|
| • 新しく学んだ知識やスキルを使うような機会を自分なりにつくってみる<br>• 応用の機会では，誤りを発見して修正したり，徐々に援助の手を少なくしていくことを含めて，支援が受けられるように環境を整える | • 新しく学んだ知識やスキルを使うような問題解決を学習者にさせる<br>• 学習者の問題解決を導くために，誤りを発見して修正したり，徐々に援助の手を少なくしていくことを含めて支援する |
| 5）統合（Integration）：現場で活用し，振り返るチャンスがある ||
| • 新しい知識やスキルを日常生活の中に統合（活用）していくことを心がける<br>• 新しい知識やスキルをみんなの前で発表する機会をつくる<br>• 仲間内で，新しい知識やスキルについて振り返り，話し合う機会をつくる | • 学習者が新しい知識やスキルを日常生活の中で活用することを勧める<br>• 学習者が新しい知識やスキルをみんなの前で発表する機会を用意する<br>• 学習者に新しい知識やスキルについて振り返り，話し合う機会を持たせる |

　また，表15-4には正統的周辺参加や認知的徒弟制を大学生活（特に研究室への参加）に活用する際のヒントを示します。研究室をサークルやアルバイト先と置き換えてもよいでしょう。

表15-4　正統的周辺参加や認知的徒弟制活用のヒント

| 学ぶ側 | 教える側 |
|---|---|
| • 参加できそうなことがあったら，自分から積極的に参加してみる<br>• 研究室内の文化や多様な関連資料に触れてみる<br>• 研究室にただ居るだけでなく，先輩や教員の活動をよく見ておく<br>• 最初のうちは，先輩のまねをしてみる。わからないときはヒントをもらう<br>• 最初は人に頼っていても，自分でできそうなことは，まずやってみる。徐々に自分ができることを増やす<br>• 自分の役割や立場を意識しながら，中心への参加を目指していく | • 研究室に後輩が来たときは，後輩が参加しやすいように声をかける<br>• 研究室の活動紹介や関連資料は，できるだけみんなの目が届くようにする<br>• 先輩たちの活動を観察しやすいように，オープンにしていく<br>• 最初は放任しすぎるのではなく，助言や例を出して手取り足取り教える<br>• 最初は手厚く教えても，徐々に自分でできるような機会を提供する<br>• 困っている学生がいたら，助けてあげる。なぜできないかを知識面だけでなく，学び方の面も含めて一緒に考え，独り立ちを意識した支援にする |

## 事例

### 学ぶ側―佐藤さんの場合

　佐藤さんは，大学1年生ということもあり，基礎的な授業を多く受講しています。学部の専門科目もいくつかありますが，どれもかなり理論的な内容にとどまっており，いつかは必ず役に立つはずだと思いながら，あまり学ぶ意義を見いだせないまま，それでもまじめに受講してきました。あるときID第一原理を知り，現実にありそうな問題に挑戦するという考え方があることを知りました。最初にその理論を聞いたときには，漠然としていて，自分には関係ないと思っていました。しかし，先輩が大学で外部に実習に行った話を聞いたときに，自分が学んでいる内容が，現実世界でどのように役立てられるのかのイメージをつかむことができました。そのときにID第一原理の「問題を中心に，例を示す」という部分がすとんと入ってきました。今度の夏休みには実習補助の募集があるとのことでしたので，手を挙げようと心に決めました。

### 教える側―高橋君の場合

　高橋君はアルバイト先で，新人が入ってくるという話を聞きました。比較的アルバイトの入れ替わりが激しい職場ですが，高橋君は比較的長く働いていて，まとめ役のような立場になっていました。その中でいつも感じていたのは，新人には担当者をつけて指導をしてもらうものの，なかなか担当者離れができないということでした。あるとき，認知的徒弟制という理論に出会い，新人アルバイトに対する支援の考え方として利用できそうだと考えました。特に，スキャフォールディングとフェーディングという考え方がしっくりきました。

　これまで，コーチングばかりを重視していて，すぐに独り立ちをしてもらおうと考えていましたが，徐々に足場をはずしながら，独り立ちをさせていくということをしっかり考えてこなかったと思い至りました。先輩アルバイト間でこのことを共有し，早速担当者が支援を少しずつ減らしていくことを実践してみることにしました。

## 練習

1. あなたが受けている授業（あるいは学習していること）の中で，現実味がなさそうな内容を1つ取り上げて，その状況を説明し，ID第一原理に従って，自分の学び方を改善するにはどうしたらよいかを考えてください。

    対象とした授業（学習）とその状況：＿＿＿＿＿＿＿＿＿＿＿＿＿＿＿＿＿＿＿＿＿

    | 1）問題 | |
    | --- | --- |
    | 2）活性化 | |
    | 3）例示 | |
    | 4）応用 | |
    | 5）統合 | |

2. あなたが所属している狭いコミュニティ（研究室・サークル・アルバイトなど）を1つ選択し，以下に示す観点から，自分の現状を分析し，どのように行動していけばよいのかを考えてください。その際に，正統的周辺参加や認知的徒弟制の考え方を踏まえたことを示してください。

    選択した対象：＿＿＿＿＿＿＿＿＿＿＿＿＿＿＿＿＿＿＿＿＿＿＿＿＿＿＿＿＿＿

    ■その中でのあなたの役割：

    ■その中で中核を担う人たちの活動：

    ■あなたが中核メンバーになっていくために必要なこと：

    ■初心者のメンバーに必要な支援：

# フィードバック

1. 状況についての説明の中に現実と学習の乖離について述べられていること，そして ID 第一原理の5つの原理の観点から，改善が検討されていることをもって正解とします。

   **回答例** 対象とした授業（学習）とその状況：
   大学で受講中の技術者倫理の授業を取り上げる。この授業はすべて座学で構成され，技術者倫理の事例の説明にとどまり，現実場面において自分が技術者倫理の視点から検討できるようになるとはまったく思えない。

   | 1）問題 | 技術者倫理に関わる実際の問題を探し，それを検討することを自分の課題に設定する。最近話題となっている「公道における自動運転をどこまで許容するか」は，よい問題となるかもしれない。 |
   | --- | --- |
   | 2）活性化 | 問題をまず自分の持っている知識で考えてみることから始める。自動運転の問題であれば，少なくとも車や法律の知識には疎いので，そのあたりは後々補っていく必要があるだろう。 |
   | 3）例示 | この授業で提示していた事例は，ここに該当すると考えられる。より類似した分野のほうが，参考になると思われる。 |
   | 4）応用 | 実際に検討してみる。検討した内容の善し悪しについては，フィードバックを得ないとわからないので，受講済みの先輩にお願いする。 |
   | 5）統合 | 自分が今学習しているプロジェクト型の学習でも，システム案を検討しており，この内容を当てはめてみてもよいだろう。やってみた後のリフレクションも大切にしたい。 |

2. 4つの項目がすべて埋められ，正統的周辺参加，認知的徒弟制の観点からの言及があり，それが妥当であることをもって正解とします。

   **回答例** 選択した対象：大学で所属している吹奏楽サークル

   ■その中でのあなたの役割：新入部員であり，まだ周辺参加の段階であるといえる。ただしサークル活動は常に受け身であまり考えてこなかった部分があり，自分の参加が「正統的」であるのかは反省すべきかもしれない。
   ■その中で中核を担う人たちの活動：技術向上の練習や，部の運営を行うだけでなく，大学祭の展示のための準備，後輩の指導，老人ホームでのボランティア活動なども行っている。
   ■あなたが中核メンバーになっていくために必要なこと：先輩の様子を見て模倣しつつ，先輩の助けを借りて手伝える部分は手伝っていくところから始めていきたい。これらは認知的徒弟制のモデリングとコーチングに対応する。
   ■初心者のメンバーに必要な支援：自分が初心者なので当事者ではあるが，先輩方が行っている活動はなるべく後輩に見せていくようにすべきだと思う。ここはモデリングに対応する。

# 第4部

## これからの学びを考える

　第4部では自分のこれからの学びについて考えます。第16章から第19章を学んだら，以下の課題4に取り組んでください。それぞれの章を学ぶごとに，自分用のメモをつくっておくと，課題に取り組みやすくなります。

### 課題4

1. 第16章から第19章での学びを踏まえて，以下の1）から4）のことそれぞれについて，自分の考えを3つ以上，箇条書きで整理し，そう考えた理由をそれぞれ理由ごとに短い文で説明してください。
   1) これからの学びがどうなるかについて感じたこと（第16章）
   2) 自分の学習スタイルを拡張するためにやりたいこと（第17章）
   3) 自己調整学習者になるためにやりたいこと（第18章）
   4) 自分のキャリアを考えるためにやりたいこと（第19章）

2. アクションプラン：以上のことを踏まえて，いつまでに何をやるかをまとめたアクションプランを作成してください。アクションプランには，これからの自分の節目となるとき（例えば1か月後，半年後，卒業まで，就職までなど）をいくつか設定し，それまでに何をやるかをリストアップしてください。

3. 自己評価：学びの初心者からプロまでを7段階で評価するとすれば，自分は今何段階目であるかを自己評価し，その理由を示してください。理由には，そのような自己評価結果になったかの根拠を，本書で学んだキーワードを活用して説明してください（500字以内）。

# 第16章 これからの学びを想像する

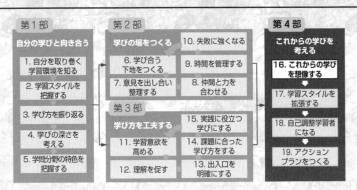

**学習目標**

1. これから迎える社会の変化について，自分の年齢に即して影響を予想できる。
2. これからの社会に求められる学びについて，キーワードで実例を検索し，その結果の例をあげて説明できる。
3. 必要とされる能力を大学生活の中で，どのように身につけていけばよいかについて，いくつか例を示すことができる。

## 最初に考えてみよう！

☐ これから20年後，社会はどのように変化しているでしょうか？
☐ 自分の将来に起きる重要な変化は何でしょうか？
☐ どうやってその変化に対応すればよいでしょうか？
☐ 自分のキャリアが1つでないとしたら，どんなものが考えられますか？
　　リストアップしてみましょう。
それらを踏まえながら，本章を読んでください。

## こんな時代がやってくる

### ● 日本の近未来

　テクノロジーの進歩によって，人類がこれまでに経験したことのない速さで社会は変化してきています。それは仕事の場面だけでなく，生活面においても同様です。遊び方も学び方も変化しています。特に，製造，流通，金融，情報といった産業においては，グローバル化，ネットワーク化，デジタル化によって，10年前の状況とはかなり違ったものになってきています。この先の10年ではさらにそれが進むでしょう。

　私たちが住む日本においては，高齢化，少子化が急速に進んでいます。図16-1に示すように，内閣府が毎年出している『高齢社会白書』の平成29年度版では，2004年のピーク時に約1億2,800万人だった人口は，その後減り続け，2029年に人口1億2,000万人を下回ります。その後もさらに減少を続け，2053年には1億人を割って9,900万人となり，2065年には8,800万人になると推計されています。2065年には，約2.6人に1人が65歳以上，約4人に1人が75歳以上となり，現役世代1.3人で1人の高齢者を支える社会が到来します。

　2015年では，高齢者1人に対して現役世代（15〜64歳）は2.3人でした。これが2065年には，1.3人となるのです。一方将来の平均寿命は男性84.95年，女

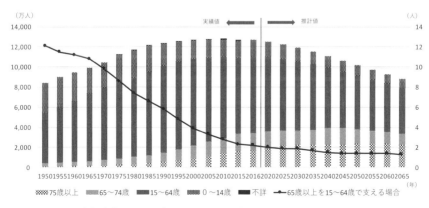

図16-1　高齢世代人口の比率（出典：内閣府『高齢社会白書』平成29年度版による）

第4部 これからの学びを考える

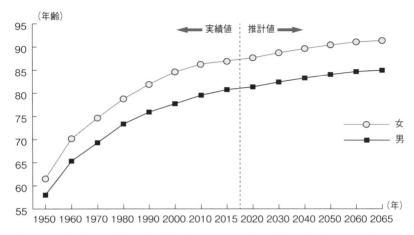

図 16-2　平均寿命の推移と将来推計（出典：内閣府『高齢社会白書』平成29年度版による）

性91.35年となります。平均寿命は図16-2にあるように，2015年の時点では，男性80.75年，女性86.99年でした。それが，2065年には，男性84.95年，女性91.35年となり，女性の平均寿命は90年を超えるのです。

このような状況で，日本社会が，自分の生活が，どうなっていくかを想像してみてください。

● 仕事と生活の状況は

日本では人口減少が進みますが，世界に目を向けてみれば，人口は増大し続け，食料や水といった，人間が生きていくうえで必要不可欠なものが不足してきます。地球規模での自然環境も変わってきています。複雑で見慣れない，不定形型の課題が多く出現してきています。このような世界の状況，少子高齢化が進む日本の状況の中で私たちは生きていかなければなりません。

上述のような日本の人口の状況を考えると，70代になっても働き続けなければならない状態になることは，容易に予想できます。そのときには，さらにテクノロジーは進み，私たちの仕事の一部は，機械やコンピュータ，人工知能に置き換わっていきます。単純労働，機械的作業のような仕事がなくなる一方で，残る仕事，新たに出現する仕事もあります。知的な作業，創造的な仕事など，高度なスキルを持つ人材の需要が増加します。そのような時代に備えるた

めに今できることは，学ぶ力をつけるということです。

● **ギャップの存在**

このような時代に生きている私たちは，生涯学び続けることが必要となっています。これまで私たちは多くのことを学校や生活の中で学んできました。さらにはこれから大学で学ぶこと，就職して仕事の場で学ぶこともあります。しかしながら世界が急速に変化している中では，すぐに古くなってしまうものもあり，必要となる知識やスキルには，ギャップが生じてきます。そのようなギャップをどう埋めていくか。そこで必要なのが，学び続ける力なのです。

21世紀を生きていく人，日本だけでなく世界中で，老若男女，理系文系に関係なく，みんなに必要とされている能力があります。それが21世紀型スキル，デザイン思考，STEAM などといわれているものです。

これらが必要となってきた背景には，学習とはどのようなことかという考え方，学習観が大きく転換したことがあります。コンピュータなどが発達している現代において，学習は教科書に書かれた知識を獲得したり暗記することではないということです。自分が属している実践共同体への参加の過程であるという考え方です。実践共同体とは，ある共通の関心や問題，熱意などを共有する人々の集まりのことです。仕事や生活していくところに存在する人々の集団です。地域であったり，学校のクラスであったり，クラブ活動の仲間であったり，日本社会であったり，そこに参加していくこと，メンバーとなって自分の役割を果たしていけるようになること，その過程を学習だと考えるのです（美馬・山内，2005）。

 **これから学ぶ必要があること**

それでは，私たちはこれからいったい何を学ぶ必要があるのでしょうか。21世紀型スキル，デザイン思考と計算論的思考，STEAM などについてここでもう少し詳しく見ていきましょう。そこには何か共通するものがあるのでしょうか。

## ● 21世紀型スキル:問題解決の手法や思考の枠組み

21世紀型スキルとは,デジタル時代に求められる能力の代表的なもので,国際団体ATC21sが提唱しています(美馬,2016)。21世紀型スキルは表16-1に示すとおりです。

21世紀型スキルを最初に提唱した米国では,小学校から高校までカリキュラムに組み入れ,様々な実践を行っています。その中の先進的な事例として,カリフォルニア州ロサンゼルスの小学校と中等学校の事例があります(田中,2015)。ここでは,個々の児童に合った学習,リーダーシップ能力,健全な学校生活の3つを柱として,教育が行われています。

グローバル的な課題を検討し,その解決に向かって行動を起こすという内容です。その教育方法は,グループ活動であり,教科横断的,統合的なプロジェクト学習であり,学習ポートフォリオを作成しています。教師は教える師ではなく,支援者(advisor)と呼ばれています。

表16-1 21世紀型スキル

① Ways of Thinking 【思考の方法】
・創造力とイノベーション(革新的な考え)
・批判的思考,問題解決,意思決定
・学習方略,メタ認知(認知過程に関する知識)
② Tools for Working 【仕事のための道具】
・情報リテラシー(情報を読み解く力)
・情報通信技術リテラシー(技術を使いこなす力)
③ Ways for Working 【仕事の仕方】
・コミュニケーション
・コラボレーション(チームワーク)
④ Ways of Living in the World 【世界の中での生き方】
・地域社会と国際社会での市民性
・人生とキャリア設計
・個人的責任と社会的責任

出典:www.atc21s.org による

## ● デザイン思考

デザイン思考は,グラフィックデザイナーや工業デザイナー,服飾デザイナーなどのいわゆるデザイナーと呼ばれる人たちだけのものではありません。デ

ザインの概念を拡張し，新しい考え方や仕組み，ものをつくり出すために必要とされる考え方です。創造的行為の方法としてのデザイン思考と問題解決プロセスとしてのデザイン思考があります。表16-2に示すような5つの段階があるとされています。

表16-2　デザイン思考の5段階

| Step 1 | Empathize：共感 |
|---|---|
| Step 2 | Define：問題定義 |
| Step 3 | Ideate：創造 |
| Step 4 | Prototype：プロトタイプ |
| Step 5 | Test：テスト |

出典：The D.School Bootcamp Bootleg より

　すなわち，ユーザに共感して価値観を共有し，実践可能な問題定義文を見つけ，チームでアイディアを創出し，物質世界に落とし込んでプロトタイプをつくり，解決策を洗練していくためにテストしていくという行為です。デザイン思考の教育では，スタンフォード大学のd.schoolがあります。デザイン思考を基礎として，様々な分野の教員が横断的に集まり，イノベーションの方法を身につける教育を行っています。分析的なアプローチをとりながら，創造的なものや仕組みをつくり出すことを行います。日本の大学においても近年，このような教育を行う学部や学科が出てきました。

### ● 科学教育の流れの中で

　STEM教育は欧米を中心に，幼稚園から高校生までのカリキュラムの中で，科学，技術，工学，数学に重点を置いた教育のことです。STEMは，Science（科学），Technology（技術），Engineering（工学），and Mathematics（数学）の頭文字をとって名づけられました。単語STEMには「木の幹」「重要な柱」という意味があります。

　近年このSTEMにArtが加わり，STEAMといわれるようになりました。表現したり，モノづくりをしていく際に，"A"を加え，より多彩に，imaginationとcreationすなわち，「想像する力」と「創造する力」が必要だということで

す。教材として，プログラミングやデジタル工作を題材としたものが登場してきています。

　STEAM教育の例としては，ダンスと物理学を合わせ，慣性の法則や運動の法則，作用・反作用の法則，重心などを教えるものがあります。また，芸術振興のための文化施設であるケネディ・センターは，アートフォーム（視覚芸術，ダンス，ドラマ，音楽などあらゆる創作活動）と別の科目を結びつけた創造的プロセスに取り組み，両方で進化する目標達成のための教師用プログラムを提供しています。

## それらをどうやって学べばよいのか

　これまで紹介してきた，学ぶ必要のあること，身につけなければならない力は，これまで学んできたこととはちょっと違っています。高校までは，教科書に書いてあることを覚えたり，練習問題を解くものがほとんどでした。問題が解けない場合は，解答を見てそれを理解すればよかったのです。それでは，これから私たちはそれらをどうやって学べばよいのでしょうか。

● **モノづくりを通した学習**

　近年「モノづくり」の重要性が指摘され，大学でもこういった学びの機会が増えてきています。書物からだけでなく，活動から学ぶことや，その活動がさらなる動機づけとなり，学習者の深い理解へと結びつくからです。カタカナで「モノ」と書いているのには理由があります。それは物理的に存在する「もの」だけでなく，イベントなどの活動も含めた広い意味での「モノ」を表しています。すなわち，モノづくりの課題は，日用品から料理，芸術作品，社会的課題の解決のための制度やアプリなど，幅広く扱うことが可能です。

　モノづくりのプロセスにおいては，自分の学びを意識化し，振り返る機会が出現します。何を学び，何を試みたのか，問題や関心を周囲の他者と共有し，解決していくことになるのです。つくっていく過程では，各自が工夫する必要が生じ，問題にぶつかりながら解決していきます。そのプロセスの中で，21世紀型スキル，デザイン思考，STEAMが育まれていくとされています。

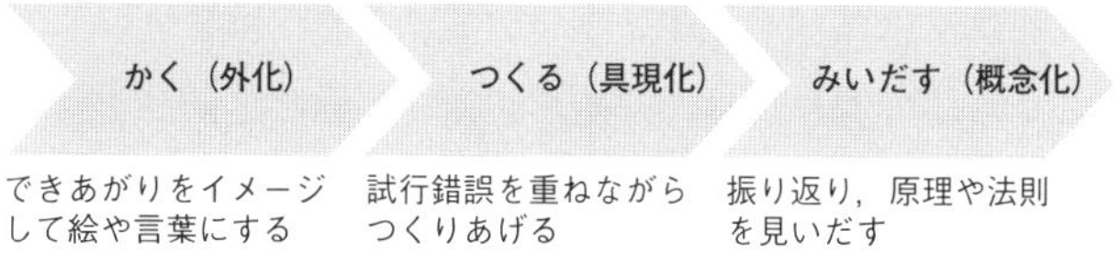

```
かく（外化）　　つくる（具現化）　　みいだす（概念化）
できあがりをイメージ　試行錯誤を重ねながら　振り返り，原理や法則
して絵や言葉にする　　つくりあげる　　　　　を見いだす
```

図16-3　モノづくりを通した学びの3つの段階

　材料と道具を手にしたとき，人はつくるべきものを心に描きます。そこから試行錯誤を通して問題に気づき，解決を図っていきます。製作する中で問題を定義し，解を見つけ，プロトタイプを作成し，テストし，最適化する。これら一連の経験から原則を抽出していきます。モノづくりを通した学びには，図16-3に示すような3つの段階があります（美馬，2016）。

　原理や法則というのは，汎用性のある考え方であり，ここで得た知識を新たな状況へ適用できるようにしていくのです。これらモノづくりの学びのプロセスで重要なことは，他者の存在であり，そのモノの持つ社会的意味です。他者の存在が，違いを発見し，言語化する機会を提供します。経験を通して，新しい思考の枠組みを獲得することは，複雑で見慣れない不定形型の課題が出現している現代社会において，工学の世界にとどまらず，これまで直感的，感性的といわれてきたデザイン分野などに広く役立つことが期待されています。

● **プロジェクト学習**

　プロジェクト学習は，通常の講義とは異なる学習機会を提供します。学問分野ごとに整理された知識の獲得を目的とする通常の講義を補うものとして，複数の分野にまたがる実社会に関連した問題の解決にチームで従事します。通常の講義や演習とは異なる学習内容と方法です。1つのテーマを半年から1年かけて実施します。専門的知識や技術を実社会の問題に適用することを経験します。知識や経験を磨きつつ課題を解決していきます。その一方でプロジェクト管理や運営方法も学習します。

　テーマは，大学の講義に直接関連した内容だけでなく，多くは実社会の問題から選ばれるため，企業，地域社会，他大学などと連携して取り組む場合が多くあります。学生は自分に合うプロジェクトを選択し，問題提起から問題解決ま

でのプロセスを実際に体験します。プロジェクトを実施していく過程で，様々な講義の中でこれまで身につけた知識を活用し，学生自らが実体験を通じてプロジェクト遂行に必要なノウハウや技術を身につけるのです。

現実社会との接点を意識したテーマを扱うことで，何のために学ぶのか，学んでいるのか，ということを身を持って感じることになり，そのことが，学ぶ動機を生み出します。企業や地域社会と連携する場合もあり，知識を実際に使う力を養うことにつながります。最終的にプロジェクトの成果は，学内外に公表され，連携企業や地域社会へフィードバックされます。

プロジェクト学習においても，モノづくりを通した学習と同様に，学習の目標は，成果物を得るだけでなく，プロジェクト遂行のプロセスを振り返り，そこで得た知識やスキル，発見した原理や原則を見いだし，他の状況でも適用できるようにすることです。プロジェクト学習もある種のモノづくりを通した学習といえるかも知れません。

大学におけるプロジェクト学習の先進的事例として，2002年から3年生必修科目として，1年間をかけて実施している公立はこだて未来大学の事例があります。この事例では，プロジェクト学習が，学生だけでなく，教員にも，関わる学外の人にも学習機会を提供していることや，それが21世紀型スキルの獲得にもつながっていることを示しています（美馬，2017；冨永・美馬，2017）。

## もう一度考えてみよう！

本章の最初に考えた将来に備える力を身につける方法として，何をすればよいかがわかってきましたか。これから20年先を考えると，どんな能力を身につけていないといけないか，今自分ができること，しなければならないことがわかったでしょうか。100歳まで生きることになるとしたら，何歳まで働いていると思いますか。そのときはどんな仕事を経験しているでしょうか。

##  事例

###  学ぶ側―佐藤さんの場合

　佐藤さんは，本章を読んで，大学卒業後のことを漠然としか考えていなかったことに気づきました．4年生になったら，就職活動をすれば，どこか適当な会社に入って，そこでずっと定年まで働き，リタイアした後は，趣味のことをしつつ，余裕で暮らしていけると思っていました．でも改めて周りを見てみれば，自分が小学生のときにはなかった会社が新しくいろいろ出てきたり，反対になくなってしまったお店や会社，職業があることに気づき始めました．

　高校までは時間割通りに，教科書に沿って学んでいればよく，何を勉強するかは自分で決めなくてもよかったけれど，今後は大学で教わる以外にも，自分でいろいろ探して，何を勉強していくべきかを考えていく必要があるのだと思いました．また，自分の趣味やサークル活動，アルバイトでも，そこから学べることも多くあり，そこで身につけた力を他にも適用するように意識することが大事だと思い始めました．

###  教える側―高橋君の場合

　高橋君は，本章を読んで，後輩や友人に教える場面で，これまでのように問題が解けるようになればよいとしていただけではだめだと思うようになりました．失敗したときはそれがなぜか，成功したときもそれはなぜかを考え，言葉にし，それをより抽象的に捉える癖をつけていくことが必要だと考え始めました．またチューターは，教師ではなく，支援者，伴走者であると改めて思いました．

　そこから共通性を見いだし，抽象的に考えるようになっていくことが，21世紀型スキルにつながっていくこと，発想法を身につけ，多視点からものを見ていくことができるようになること．また問題を解くだけでなく，問題を見つけ，制約条件を明らかにして，解を見つけていくこと，仲間と協力しながらやっていくこと．そしてそれを振り返り，原理や法則を見いだしていくことは，チューターとしての活動においても，意識すればいろいろできることがわかってきました．20年後にはこの経験が役に立つのではないかと思い，早速明日から試してみようと思います．

# 練習

1. 以下の表は，国立社会保障・人口問題研究所による日本の将来推計人口（平成29年推計）をもとに作成した高齢者世代人口と現役世代人口の比率および男女別平均寿命です。自分自身の年齢を書き加えて，いつ頃にどんな状況になりそうかを想像してみましょう。自分自身の人生にどう影響するかだけでなく，自分の子どもや孫の世代への影響についても考えて，思ったことを自由に書いてみましょう。

| 西暦 | 2025 | 2035 | 2045 | 2060 | 2070 | 2080 | 2100 |
|---|---|---|---|---|---|---|---|
| 自分の年齢 | | | | | | | |
| 高齢世代対現役世代人口比率 | 1.9 | 1.7 | 1.4 | 1.4 | 1.3 | 1.3 | 1.3 |
| 平均寿命（男） | 82.1 | 83.4 | 84.7 | 86.6 | 87.8 | 88.9 | 90.7 |
| 平均寿命（女） | 88.6 | 89.9 | 91.2 | 93.0 | 94.2 | 95.4 | 97.1 |
| 自分自身の人生への影響（子ども・孫への影響） | | | | | | | |
| その他の気づき | | | | | | | |

2. 21世紀型スキル，デザイン思考，STEAM，モノづくり教育，プロジェクト学習などのキーワードを検索して，どんなことが実際に行われているかを調べてみましょう。いくつか気になるキーワードを使って調べた結果をメモして，それをお互いに見比べて共有してみましょう。

| 検索キーワード（○をつける） | 21世紀型スキル，デザイン思考，STEAM，モノづくり教育，プロジェクト学習，その他（　　　　） |
|---|---|
| URL | |
| 事例の名称 | |
| 事例の概要 | |
| コメント（感想など） | |

第16章 これからの学びを想像する | 181

## フィードバック

1. 佐藤さんが記入した以下の例を見て，自分の記入例と比較してみましょう。

| 西暦 | 2025 | 2035 | 2045 | 2060 | 2070 | 2080 | 2100 |
|---|---|---|---|---|---|---|---|
| 自分の年齢 | 25歳 | 35歳 | 45歳 | 60歳 | 70歳 | 80歳 | 100歳 |
| 高齢世代対現役世代人口比率 | 1.9 | 1.7 | 1.4 | 1.4 | 1.3 | 1.3 | 1.3 |
| 平均寿命（男） | 82.1 | 83.4 | 84.7 | 86.6 | 87.8 | 88.9 | 90.7 |
| 平均寿命（女） | 88.6 | 89.9 | 91.2 | 93.0 | 94.2 | 95.4 | 97.1 |
| 自分自身の人生への影響（子ども・孫への影響） | 入学のときに，100歳まで生きるのかと聞いて驚いた。自分は70歳になっても働いて税金を払わないと，全国にいる高齢の老人や子どもたちを養うことはできないと思う。自分が働けなくなっても生きていける蓄えは必要だと思う。 ||||||| 
| その他の気づき | これから人工知能やロボットに置き換わらない能力を身につけ，自分からいろいろ新しい考え方ができるようになって，新しい仕組みをつくる側の仕事に就きたい。 |||||||

2. 高橋君が調べた以下の結果と自分の調査結果を比べてみましょう。同じ練習問題にチャレンジした人たちとも結果を共有して比較検討してみましょう。

| 検索キーワード（○をつける） | 21世紀型スキル，デザイン思考，⟨STEAM⟩，モノづくり教育，プロジェクト学習，その他（　　　　　） |
|---|---|
| URL | https://www.khanacademy.org/partner-content/pixar (2017.10.05) |
| 事例の名称 | PIXAR in a box |
| 事例の概要 | アメリカの映像制作会社でコンピュータグラフィックスを用いたアニメーションを得意とするPixarがKhan Academyとのコラボレーションで，提供しているオンライン教材。Pixarのアーティストの仕事の舞台裏を紹介しつつ，学校で学ぶ概念とPixarのクリエイティブな課題の関係を，小学校4年生以上を対象とした教材にしている。 |
| コメント（感想など） | かなりお金がかかっているようで，教材の質が高く，教材としての完成度が高い。アニメーション，キャラクターモデリング，パターン，エフェクトなどの映画製作の要素がふんだんに盛り込まれており，とても興味深い。すべての年齢層にとって楽しいものとなっている。 |

# 第17章 学習スタイルを拡張する

1. コルブの経験学習モデルの4段階に基づいてこれまでの学習を振り返り、自身の学びではどの段階が得意かを例示できる。
2. コルブの経験学習モデルに基づく学習スタイル4タイプで自分の学びを振り返り、どのタイプか、その理由を説明できる。
3. 学習スタイルを拡張する方法について、学習スタイルの4タイプと成長の3段階を使って、今後の計画を立案できる。

## 最初に考えてみよう！

☐ 自分自身の学習スタイルの特徴は何でしょうか？
☐ 周囲の人と比べて、あるいは過去の自分と比べて、自分の学び方にはこのような特徴があると思うことをいくつかリストしてみましょう。
☐ そして、これから学ぶことや職業選択に向けて、何をどう強化していったらよいと思うか、メモしてみましょう。

それらを踏まえながら、本章を読んでください。

# コルブの経験学習モデル

　デイビッド・コルブは，学校などでの伝統的な教え方に不満を持ち，経験に基づいた教授法を提唱しました（松尾，2006）。コルブにとって学習とは，知識を受動的に覚えることではありません。自分の経験から独自の考え方を紡ぎ出すこと，つまり「経験を変換することで知識を創り出すプロセスである」と定義しました。ここでいう経験には，生活の中での出来事や仕事上のこと，あるいは学校での授業も含まれ，新しいことに出会う機会を意味します。何かを学ぶためには，①具体的な経験をし，②その内容を振り返って内省することで，③そこから得られた教訓を抽象的な仮説や概念に落とし込み，④それを新たな状況に適用するという4つの段階を繰り返すことが大事であると考え，**経験学習モデル**を提唱しました。それまでの考え方では，何かを学んで，学び終わったらそれを活用して仕事をする，という流れが想定されていました。しかしコルブは，学んでから応用する，という流れではなく，むしろ応用することで学ぶのだ，という考え方を提示しました。それが（応用する）経験によって学んでいくサイクルを4段階で示した経験学習モデルであり，学習についてのいわゆるコペルニクス的転回，考え方を根本から見直すパラダイムシフトを迫るものでした。

　ここで重要なことは，経験そのものよりも，経験を解釈して，そこからどのようなマイ・ルールや教訓を得るのかということです。言い換えれば，「たとえ2人の人間が同じ経験をしたとしても，経験の解釈次第で学習内容は異なり，その後の行動も変わる」（松尾，2006，p.62）のです。同じ授業を経験していても，そこで何を考え，何を自分のものとするのかが人によって異なるのはそのためです。単に経験を多く積むだけでなく，振り返りや受け止め方が大事だといわれている理由がここにあります。

　経験学習の4段階を使って，あなたのこれまでの学びのプロセスを振り返ってみましょう。表17-1に経験学習の4段階とそこに含まれる主な学習活動や教師の役割を示しました。この4つの中でどの段階が好きか，あるいはどれが得意かは人それぞれ異なります。これまで学校で受けてきた授業での多くの「経

験」は,何かを直接的に感じられる具体的なものではなく,どちらかといえば教員が情報提供者となってすでに出来上がった抽象的な知識を受け取ることが中心であったかもしれません。そうだとすれば,受け身の学びは得意だが,具体的な経験から何かを感じ取って自分なりに解釈することがあまり得意ではないという学習スタイルが身についているとしても不思議ではありません。あなたの場合,どの段階が得意でしょうか?

表17-1　コルブの経験学習の4段階と学習活動・教員の役割

| 学習の4段階 | 主な学習活動 | 教員の役割 |
|---|---|---|
| ①具体的経験<br>　感じる | ゲーム・ロールプレイ・ディスカッションとフィードバック | コーチ・支援者 |
| ②省察的観察<br>　観察する | 講義・観察・多視点の提供・知識テスト | ガイド・マスター |
| ③抽象的概念化<br>　考える | テキスト読解・個人学習・系統的提示 | 情報提供者 |
| ④能動的実験<br>　試してみる | フィードバック付練習・小集団討議・個別学習活動 | ロールモデル |

出典:Evans et al., 2010の本文を筆者が訳して表の形にまとめた

## コルブの経験学習モデルと学習スタイル

　コルブは,学習の4段階からなるサイクルを示すと同時に,そのサイクルに含まれる4段階のどれを得意とするかという個人差に着目して,学習サイクルと学習スタイルとの関係を図17-1のように描き出しました。学習の4段階は,どのように情報を捉えるか,という情報認識の縦軸と,どのように情報を処理するか,という情報処理の横軸を加えてみることができます。縦軸には①具体的経験(図上)と③抽象的概念化(図下)が対照的な「感じる」-「考える」という情報認識の段階が示されています。それに対して,横軸には②省察的観察(図右)と④能動的実験(図左)という対照的な「受け取る」-「やってみる」の情報処理の段階が示されています。

　図17-1の上から時計回りに,具体的な経験を「感じ」(①図上),それをじっくり観察して「受け取り」(②図右),おそらくこうなのではないかという自分

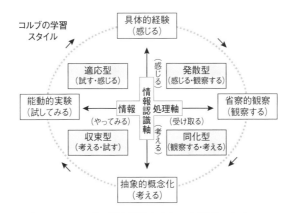

**図 17-1　コルブの経験学習サイクルと学習スタイル**
（注：http://www.businessballs.com/kolblearningstyles.htm を筆者が和訳した）

なりの解釈を「考え」（③図下），次の場面では積極的に「やってみて」確かめていく（④図左）というように学びの段階が進んでいきます。授業でひたすら新しい知識を「受け取る」ことだけをやっていたのでは，経験学習のサイクルは回りません。受け取ったものを新しい場面に応用し，ときに失敗したり，あるいは予期せぬ事態に陥って，何が原因かを「考える」。原因がある程度わかったと思ったら，その対策を実際に「やってみる」。受け身だけではなく能動的に動くことも学びのサイクルを回していくためには必要な要素だ，というのです。

　経験学習サイクルのそれぞれの段階では，対照的な学びに対する姿勢（④能動的－②省察的，①具体的－③抽象的）が求められます。そこに，これまでの学習経験や好みの差から，得手不得手・好き嫌いが生じます。そうすることで，表 17-2 に掲げる4つの異なる学習スタイルを持つようになる，と考えられています。

　感じることと観察することが得意なタイプは「発散型」，観察することと考えることが得意なタイプは「同化型」，考えて試すことが得意なタイプは「収束型」，そして試して感じることが得意なタイプは「適応型」と名づけられています。さて，あなたは，どんなことが得意ですか？　どのタイプの学習スタイルだといえるでしょうか？　あなたの周囲には，どの学習スタイルを持つ人がいますか？　なぜその部分が強く（あるいは弱く）なったのでしょうか？　これ

表17-2 コルブの学習スタイル4タイプとその特徴

| 学習スタイル | 特徴 |
|---|---|
| A 発散型（diverging style）<br>感じることと観察することが得意なタイプ | 想像力旺盛で、価値や意義について考えることが多い。状況を様々な角度から見、行動よりも観察により適応する。人との関わりを好み、感情を重視する。 |
| B 同化型（assimilating style）<br>観察することと考えることが得意なタイプ | 帰納的に考え、理論的モデルを構築する傾向にある。人より抽象概念や理論に興味があり、実践的よりも理論的な考えを重視する。 |
| C 収束型（converging style）<br>考えることと実際に試してみることが得意なタイプ | 問題解決、意思決定、アイディアの実践に優れ、感情表現は少なく、対人的問題よりも技術的問題に取り組むことを好む。 |
| D 適応型（accommodating style）<br>実際に試してみることと感じることが得意なタイプ | 計画を実行したり、新しいことに着手することが好きである。環境に対する適応力が強く、直感的な試行錯誤によって問題解決をする場合が多い。気楽に人と付き合うが、忍耐に欠け、でしゃばりと思われがちである。 |

出典：それぞれのタイプの訳語と特徴の説明は、青木、2005に基づく

からどんなことに工夫し、どんな学び方を取り入れていくと、自分の弱点が補強できると思いますか？　これからの学びをデザインしていくためにも、ここで立ち止まり、少し思いを巡らせてみましょう。

## 学習スタイルを広げることが学び方を学ぶこと

　コルブによると、学習スタイルは、少なくとも、行動・性格、専門領域、キャリア、現職、適応力、の5つの領域において大変重要な役割を果たしています（青木, 2005）。われわれが受けてきた教育経験はわれわれの学習スタイルを決めるのに大きな影響を与えてきています。これまでに何をどう学んだかによっても、学習スタイルが変わってきています。文系コースで学んだ人と理系コースで学んだ人とは、学習スタイルが違っていたのかもしれません。それらの積み重ねによって、あるいはこれから歩んでいく教育における専門領域によって、学習スタイルに影響があっても不思議ではありません。「人は、自分の学習スタイルに合った専門領域を選び、その専門領域にひとたび入ると、その領域で規準となっている学習スタイルにもっと適合するようになる。学習スタイルは人の学習の好みであり、状況によって変化するが、同時に、長期間にわたっ

て一定に保たれる」とコルブは述べています（青木，2005）。

　自分が就きたい職業で求められる学習スタイルとは何でしょうか？　それを確認し，それを受け止めて伸ばしていこうとすることは，職業選択へ向けた社会化プロセスだといわれています。大学の学部や専門分野によって要求されるスタイルが異なることを受け入れて，そのスタイルに早く順応するように努めることが，その第一歩となるでしょう。例えば，物理学や工学では，収束型の学習スタイルが求められるのに対して，人文学系では発散型の学習スタイルが必要でしょう。また，基礎科学や数学では同化型の学習スタイルが重要である一方で，ビジネスなどの実践学では適応型の学習スタイルが求められるでしょう（Evans et al., 2010）。

　専門分野や職業によって求められる学習スタイルを身につけた後には，何が必要でしょうか？　コルブの学習スタイルは，専門によって求められるスタイルが異なることを示しています。それだけでなく，実は，学習のプロセスを全部カバーするためには，4つとも全部身につける必要があることも示しています。学習とは終わりなきプロセスであり，4段階の繰り返しであるサイクルを継続すること自体が学習なのです。そして，「このサイクルを継続するという実践のスタイルを体得することが，『学び方を学ぶ』ということを意味する」（中原，2006，p.84）のです。学び終わってから学んだことを応用すると考えるのではなく，得た情報を自分なりに試してみて，自分なりの考え方に到達するプロセス全体が「学習」なのだ，と考えることができれば，4段階のそれぞれ1つずつが学習に不可欠な要素だと感じることができるかもしれません。

　学習スタイルは，個人の特性と環境から要求されることで決まりますが，それは可変である，つまり学習スタイルは変えられる，とコルブは捉えています。これを発達の3段階説といいます（図17-2参照）。第1段階の獲得段階では，表17-2に掲げた4つの基本的な学習スタイルをそれぞれ身につけます。第2段階の専門段階では，2つの学習スタイルのコンビネーションを身につけ，専門的な仕事ができるようになります。それに続く第3段階の統合段階では，4つの基本的学習スタイルのすべてを身につけ，総合的な態度で学習することができるようになります。なかなか道はまだ遠い，という感じを受けてしまいますね。でも，現在までに身につけてきた学習スタイルで得意としていることを活かし

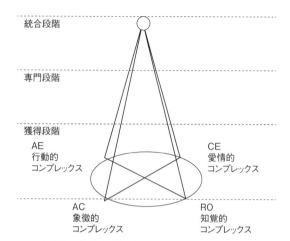

図 17-2　経験学習の発達成長段階（出典：青木，2005 の図 8 を転載）

つつ，自分を磨いてさらに向上させる余地が多く残っていると考えることができれば，先に進む勇気も出てくると思いますが，どうでしょうか？

　学習スタイルの適応的な柔軟性を身につけることは，言い換えれば大人になることを意味します。様々な分野の科目を学んでみることによって，自分の得意な学習スタイルの活かし方を体得します。それと同時に，様々な学習方法を試みたり，あるいは不得意だと思っている領域を経験することによって，自分の学習スタイルにマッチする方法とマッチしない方法の両方を取り入れる経験を重ねていくことが重要であると指摘されています（Evans et al., 2010）。自分の現在の学習スタイルの特徴をつかみ，なぜそうなっているかの原因を振り返ってみましょう。さらに，将来にわたってどのようなスタイルを獲得していこうか，その計画を考えてみてはどうでしょうか？

## もう一度考えてみよう！

本章のはじめに考えた自分自身の学習スタイルの特徴は，本章を読むことによってより明らかになったでしょうか。周囲の人の学習スタイルについて，その特徴がより鮮明に見えてきましたか。将来に向けて，何から始めるかも考えてみましょう。

## 事例

### 学ぶ側——佐藤さんの場合

　佐藤さんは，本章を読んで，自分の受け身的な学習態度はもしかすると高校までの授業の影響を受けてきたのではないか，と思うようになりました。でも一方で，クラブ活動などではリーダーシップを発揮してきたことも考えると，受け身一方ではないことにも気づきました。そうなると，学習スタイルを単に「聞いて覚える」だけでなく，コルブの経験学習モデルの他の段階も自分で意識して回せるようにならなければいけないと思うようになりました。

　理系が苦手だから文学部に入ったけれど，そこで求められるのは「発散的」思考のようです。でもそれだけでは今までの勉強の延長になってしまうので，得意分野はさらに伸ばすとしても，苦手な分野にもチャレンジしてレパートリーを増やす必要がありそうだと感じています。

### 教える側——高橋君の場合

　高橋君は，本章を読んで，これまでに後輩や友人に教える場面でうまくいかなかったときのことを思い出して，もしかすると学習スタイルの違いがその原因だったのかもしれないと思いました。自分は「帰納的に考え，理論的モデルを構築する傾向にある。人より抽象概念や理論に興味があり，実践的よりも理論的な考えを重視する」という特徴がそっくり当てはまる同化型です。だから理系を選んだのか，あるいは理系を選んだからそうなったのか，どちらかはわかりませんが，現在の自分の学習スタイルはぴったり説明ができるのが不思議です。でもそういう思考法に慣れていない人も多いようです。それが学習スタイルの違いであり，頭の優劣ではない，という捉え方は，今後，自分が後輩に接するときの態度に影響を与えそうだと思いました。

　後輩に接するときにもどちらかと言えば緻密さや厳格さを求めすぎてきたかもしれません。自分の得意分野は活かすとしても，それ以外のスタイルも学んでいく必要もある，ということを知って，異なる学習スタイルを持つ友人や後輩からも学ぶことは多くありそうだ，と感じました。教え方も，相手の学習スタイルに応じて，作戦を考えると有効かもしれません。もっと柔軟性を身につけて，好かれる先輩になる努力もしていこう，と思いました。

## 練習

1. コルブの経験学習モデルの4段階に基づいて自分自身を点検して，以下の点について考えをまとめてみましょう。

| 子どもの頃の自分が得意だった学習サイクル | ①具体的経験（感じる）・②省察的観察（観察する）・③抽象的概念化（考える）・④能動的実験（試してみる） |
|---|---|
| 学校でよく経験した学習サイクル | ①具体的経験（感じる）・②省察的観察（観察する）・③抽象的概念化（考える）・④能動的実験（試してみる） |
| 現在の自分が得意な学習サイクル | ①具体的経験（感じる）・②省察的観察（観察する）・③抽象的概念化（考える）・④能動的実験（試してみる） |
| 振り返って感じたことのメモ | |

2. コルブの学習スタイルに基づいて自分自身を点検して，以下の点について考えをまとめてみましょう。

| 現在の自分に当てはまる学習スタイル | A 発散型・B 同化型・C 収束型・D 適応型 |
|---|---|
| 自分の専門領域で要求される学習スタイル | A 発散型・B 同化型・C 収束型・D 適応型 |
| 将来に向けてもっと得意になりたい学習スタイル | A 発散型・B 同化型・C 収束型・D 適応型 |
| 振り返って感じたことのメモ | |

3. コルブの学習スタイルに基づいて自分自身の学び方を拡張していくために何ができそうか，アイディアを書き出してみましょう。

## フィードバック

1. 佐藤さんがチェックした学習段階は以下の通りです。あなたはどうでしたか。同じようにチェックしてみてください。

| | |
|---|---|
| 子どもの頃の自分が得意だった学習サイクル | ④能動的実験（試してみる）<br>何でも試してみる子どもだった。実験好き。 |
| 学校でよく経験した学習サイクル | 理科は②省察的観察（観察する）が中心だったけど，あとは抽象的なイメージしか残っていない。でも自分で考えたわけじゃないので，③とは違うかな。 |
| 現在の自分が得意な学習サイクル | よく観察することが得意だと思うので②省察的観察（観察する） |
| 振り返って感じたことのメモ | 何に役立つかわからないことを学ぶことは苦手だと感じていたが，知ったことは試してみるという子どもの頃得意だった方法を思い出した。 |

　友人と話し合った結果をメモしておくとよいでしょう。あとでもう一度，そのメモを見直して振り返ってみましょう。

2. 佐藤さんがチェックした学習スタイルは以下の通りです。あなたはどうでしたか。同じようにチェックしてみましょう。

| | |
|---|---|
| 現在の自分に当てはまる学習スタイル | 理系が苦手だったからB．同化型ではなさそう。 |
| 自分の専門領域で要求される学習スタイル | 文学部はA発散型が求められるということだけど，今のところ覚えなければならないことばかりなのでC収束型かなぁ。 |
| 将来に向けてもっと得意になりたい学習スタイル | ABCD全部に強くなりたい。一人で学習プロセスを回せるようになることが当面の目標。 |
| 振り返って感じたことのメモ | 覚えることばかりやっていては，今後必要となるA発散型が得意にはなりそうもない。単位を取ることだけでなく，大学では要求されない何かに積極的にチャレンジしていく必要がありそう。文学サークルにでも入ってみるのもよいかもしれない。 |

　また，友人と話し合った結果をメモしておくとよいでしょう。あとでもう一度，そのメモを見直して振り返ってみましょう。

3. 佐藤さんがチェックした学習スタイルを拡張するために，大学の単位を取得するだけでなく，文学サークルに入ることでA発散型を強めてみようと考えているようです。あなたは何をしようと思うかを考えたら，友人と意見を交換してみましょう。

# 第18章 自己調整学習者になる

**学習目標**

1. 自己調整学習の3つの要素と3つの段階について，事例を用いて説明できる。
2. 新たに学習に取り組み始める際に，自分が調整すべき点を書き出し，それに従って進めることができる。
3. グループ活動において，共調整学習を意識して活動することができる。

## 最初に考えてみよう！

☐ 自己調整学習，すなわち，自己を調整する学習とは何でしょうか？
☐ 学習する際に，自分の弱さにはどんな特徴があり，それを克服するためにどんな方法があるのでしょうか？ 自分が克服したい弱いところをリストアップしてみましょう。
☐ 学習において，個人で活動することとグループ活動ではどんな違いがあるか考えてみましょう。

それらを踏まえながら，本章を読んでください。

**学習を意識して自分で調整する**

　自ら主体的に学ぶ，学びを自分で調整することを，学習心理学では「自己調整学習（self-regulation of learning）」と呼んでいます。自分で意識して学習を調整できるようになることは，大学での学びを確実で，豊かなものにしてくれます。このスキルは，社会に出てからも，生涯にわたって有効です。自分で自分の学びを調整して進めていける人を「自己調整学習者」と呼びます。本章では，自分のこれからの学びを自分で進めていける人，つまり自己調整学習者になるためのノウハウを学びましょう。

● **なぜ自己調整学習なのか**

　自己調整学習は，学習者が自身の学習過程に対して能動的に関与することに関する理論です。ジマーマンが中心となって1990年代に提唱し始め，現在，初等教育から高等教育に至るまで，数多くの研究がなされています。

　21世紀に入ってから特に，自ら主体的に学習に取り組むことが必要だといわれ始めました。これは，大学生だけでなく，小学生や中高生も同様です。20世紀にコンピュータが開発され，デジタル技術が進歩するにつれ，仕事や生活，遊びや学習において，いろいろなものが急速に変化してきています。新しい知識や技術を身につけていくことが生涯にわたって必要となっています。

　このような社会においては，世界中の経済活動がつながり，様々な国や文化的背景を持つ人たちと，協力しながら仕事をする必要も出てきました。また日本においては，急速に少子高齢化が進み，以前は5人でやっていた仕事を4人でしなければならないような状況になってきています。

　大学を卒業して社会に出てからも，新しいことを学び続けていく必要があります。そこには先生，教科書，マニュアルはありません。そこで必要なのが，自ら学ぶ力，自分をバージョンアップし続ける力なのです。

　IT系の技術者だけではありません。医療関係者，学校の教員，サービス産業，製造業に携わる人，農業や漁業などの第一次産業に携わる人であっても，新しい知識や技術を学び，使いこなしていくことで新しい環境に適応し，仕事の効

率を上げていくことにつながります。少子高齢化，グローバル化社会といった状況に，自ら主体的に学習に取り組む力は，個人としても社会としても，とても重要な意味を持っているのです。

### ● 自己調整学習の3要素と3段階

学習心理学で自己調整学習は，「学習者が自分の目標を達成するために，体系的に方向づけられた認知，感情，行動を自分で活性化し，維持する諸過程のこと」とされています（Zimmerman et al., 2011）。学習者の認知的な側面だけでなく，情動をも包括しているところが特徴です。この学習過程に対する能動的な関与は，3つの要素と3つの段階から構成されています。これらについて，詳しく見ていきましょう。

3要素とは，動機づけ，学習方略，メタ認知であり，3段階とは，予見段階（課題分析，自己動機づけ信念），遂行段階（自己コントロール，自己観察），自己内省段階（自己判断，自己反応）です。この3段階が螺旋的なサイクルとして回っていきます。ジマーマンとモイラン（Zimmerman & Moylan, 2009）はこのサイクルを学習者の循環的段階モデルとして示しました（図18-1）。

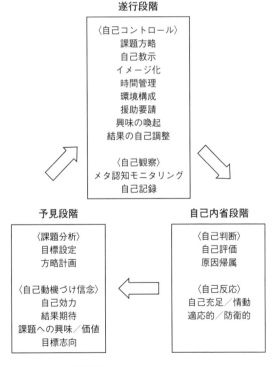

図 18-1　自己調整学習の段階（出典：Bembenutty et al., 2015, p.18, Chapter2, fig.2.2 を翻訳）

##  自己調整学習の3つの要素

　自己調整学習の理論において，3つの基本要素として，動機づけ，学習方略，メタ認知があります。それらを1つずつ見ていきましょう。

● **動機づけ**

　「動機づけ（motivation）」は，学習意欲の問題に深く関わる概念として，主に心理学の分野で研究されてきた，やる気，意欲のことです。ある行動を引き起こし，その行動を持続させ，一定の方向に導くプロセスのことを指します。

　動機づけの研究では，内発的動機づけと外発的動機づけがあるとされます。内発的動機づけとは，自らそのことを学びたいという好奇心や関心によって生まれるもののことです。内側から能動的に湧いてくるやる気，意欲といったものです。これに対し外発的動機づけとは，外側から動機づけられる，いわゆるアメとムチ，賞罰によってもたらされるものです。競争によって高得点を取る，ほめられることや，ごほうびをもらうことを期待して，あるいは罰を与えられることを恐れて生まれる動機づけです。

　動機づけは，内発的と外発的という2つだけではありません。自己調整学習において重要な役割を果たす動機づけは，「自己効力感（self-efficacy）」です。自己効力感とは，心理学者のバンデューラ（Bandura, 1977）による概念です。ひとが何か問題に直面した際，こうすればうまくいくはずだという期待に対して，自分はそれが実行できるという期待や自信のことをいいます。さらにバンデューラ（Bandura, 1986）は，「結果期待」と「効力期待」という考え方を示しました。結果期待とは，自分の行ったことの結果に対する期待であり，効力期待とは，実際自分がそれをできるという期待です。この自己効力感についての信念が，自分の考えや行動をうまく自分で調整できるかに影響することが研究結果として示されています。すなわち，自己効力感を高めることは，自分を調整できるようになることにつながります。

　「満足の遅延（Delay of Gratification）」も自己調整の動機づけに関わる学習心理学の概念です。満足の遅延とは，満足することを遅らせること，先延ばし

できるかどうかということです。学習を持続させていく過程には、様々な困難な状況、誘惑があります。その時どきに、それらに打ち勝っていく、また大きな目標のために、長期的な視野で、目先の欲求や報酬を後回しにする、我慢することを教育心理学では、満足の遅延といいます。自己調整にはこのような欲求のコントロールも関係しています。

### ● 学習方略

　学習方略とは、目標を達成するために体系的に方向づけられた学習者が自分で生み出す思考、感情、行動を指します。学習効果を高めるため、自身が生み出す意識的な考え方や活動のことです。この方略を持っているかどうか、適切な方略を選択して実行できるかどうかが、学びの質や量に関わってきます。

　学習方略には、認知的方略、メタ認知的方略、学習リソース活用方略の3つがあります。認知的方略とは、人間の記憶の特性に関わるものです。例えば、記憶する際にリハーサル（復唱）する、精緻化する、体制化するなどです。

　メタ認知的方略は、次項で説明する、メタ認知過程のモニタリングとコントロールに注意を向け、意識的に調整していく方略です。

　学習リソース活用方略は、学習環境を整えたり、誰かほかの人、友人や先輩など、他者から援助を得ようとすることや、書籍やネットなど、外部にある情報をうまく利用していくというものです。

　これらの学習方略を選択的に意識的に活用することで、自己調整が可能となります。

### ● メタ認知

　第3章で説明したように、メタ認知とは、「自らの認知についての認知」のことを指す心理学用語です。思考について思考できる能力であり、問題解決者の自分に気づく能力であり、自分の心的過程をモニタしてコントロールする能力です（図3-1　メタ認知のモデル参照）。

　第3章では特に、「読むこと」、「見ること」、「聞くこと」に関してメタ認知を促す方法を説明しました。メタ認知能力は重要な要素ではあるものの、それだけでは不十分であるというのが、自己調整学習の理論です。メタ認知ができ

るとともに，自分をどのように動機づけ，そして学習方略を活かしていくかが，自己調整学習者となって成長していくことに深く関わっているのです。自己調整学習は，本書で見てきた様々な学習に関わる理論を統合するものとして考えるとよいでしょう。すなわち，みなさんが最終的に目指すのが，自ら主体的に学び，学びを自分で調整することのできる，自己調整学習者です。

## 自己調整学習の 3 つの段階

　自己調整のプロセスには，3 段階あるとされます。どんなことをこれから学ぶのかといった予見段階，学んでいる最中の遂行段階，学んだあとの自己内省段階です。それは学びの Plan-Do-See（考えて，やってみて，振り返る）のサイクルといってもよいでしょう。それぞれの段階を理解することで，各段階において調整することが可能となります。

### ● 予見段階

　学習を始める前に，学習することの目標を設定したり，どのようなやり方で学習するのがよいかの方略を計画したりします。
　この課題についてどこまで理解したり，できるようになりたいかをまずは考え，これを学んだら自分にとってどんなよいことがあるのか，どこまでできそうか，どれくらいそのことに興味があるのかを考えます。また，そのことをどのようなやり方で学ぶのが自分に合っているのか，効率よく学べるのかなど，その学習方法についてあらかじめ選択肢をあげ，考えてみます。自分をどのように動機づけ，それを維持するためにはどうしたらよいかについても考えてみましょう。

### ● 遂行段階

　実際に学習を始めたら，今自分はどの状態にあるのか，どこに注目して学んでいるのか，注意が散漫になっていないかなど，自己をモニタしてみましょう。予定していたほど進んでいなかったり，課題が難しかったりした場合，学習を阻んでいるものは何であるのか，ほかのやり方はないか考え，試してみたり，

どんな情報が必要かなどを考え，調べてみたり，自分の行動を変えてみるなど，自己をコントロールすることを行ってみましょう。

## ● 自己内省段階

　学習に区切りがついたところで，自分を評価してみましょう。予見段階で立てた目標のどの程度まで達成できましたか。最初に考えていたことを習得できたでしょうか。学習していく中で，どのような阻害要因があり，それをどのように克服してきたでしょうか。学習に集中できたでしょうか。うまくいった点は何で，それはなぜできたのでしょうか。反対に，うまくいかなかった場合，その原因は何であったのかを考えてみましょう。今回学んだことで，最も重要なことは何でしょうか。復習すべきことは何でしょうか。今回の学習から学んだことで，次の機会に適用できること，応用できることは何でしょうか。それではこれまで学んできたこと，経験してきたこととどう関係するでしょうか。

## ● 感情の自己調整

　これまで述べてきた自己調整に必要なこと，自己調整を促進することは，認知的な側面がほとんどでした。実はこれ以外にも，感情的な側面も大きく影響しています。この感情面もコントロールできるようになることで，より着実に自己調整できるようになります

　感情として一番重要なのが，学習に対して肯定的な感情を抱くようにすることです。前向きに考えるポジティブシンキングです。それは，予見段階，遂行段階，自己内省段階，どの段階においても必要です。例えば予見段階では，この課題はおもしろそうだと興味を持つことや，この課題を学習したのちには，自分はさらに成長するだろうと期待し，自分はその課題をやり遂げることができるんだという自己効力感などが関係しています。また課題をやっている過程で，あるいは終了後，その達成感や充実感は喜びにつながり，さらに学習したいという気持ちを呼び起こします。この好循環が生まれるように，自分の状態を意識しながら調整するのです。

　逆に，自分にはできないと無力感に陥ってしまうと，やる気を奪うことになり，学習方略を見直す気持ちもなくなり，すべてが負のスパイラルに陥ってい

ってしまいます。こういった負の感情はさらに，心的ストレスを与えることにつながります。ときには気持ちを切り替えるために，深呼吸する，椅子から立ち上がりストレッチする，休息をとる，環境を変えるなどをしてみるとよいでしょう。ただしそのとき，時間などあらかじめ計画しておくことも忘れないようにしましょう。

　自分の感情を調整できるようになることは，対人関係だけでなく，自己との関係，学習面においても大切なことなのです。

 **一人から複数への調整学習**

● **自己調整の意味を理解し，そのスキルを発達させる**

　本章ではこれまで，自己調整学習について述べてきました。個人がおかれている環境や課題に適応し，自立した学習者となることを目標としています。ここまで読み進めてきて，自己調整の意味を理解できたでしょうか。実は自己調整の先には，共調整学習（co-regulation of learning）という考え方があります（Zimmerman et al., 2011）。これは学習を一人の活動とせず，複数の中で，互いに影響しながら調整を行っていくことで，さらに学びが促進されるというものです。

　20世紀後半，コンピュータの登場によって，学習観の転換が起こりました。学習は受動的で個人的な活動であるという考えから，学習は能動的で共同的な活動であるとすることへの転換です。その中では，共同して学ぶことが深い理解につながるという学習の共同性と，社会的に意味のあることを学ぶことで動機づけられるという学習の社会性という学習の特性も強調され始めました（美馬，2008）。

　自己調整の3要素のうちの1つであるメタ認知は，自分の心的プロセスをモニタしてコントロールする能力です。自分が今どのような状態にいて，これから何をすべきかを見ているもう一人の自分の存在です。今起こっている状態を観察し，これまでの経験から得た知識と照らし合わせ，点検し，評価し，そこから次にとる行動の計画を修正しつつ実行します。

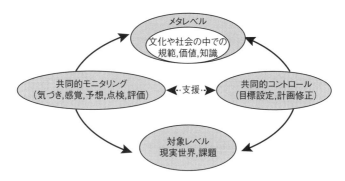

図 18-2　共同的メタ認知のモデル（出典：美馬，2008）

● **共調整学習**

　これに対し複数の人で活動する場合、実行する人とモニタする人と、自然に役割ができてきます。視点が複数存在することで、気づきも多くなり、多様な修正や新しいアイディアが生まれる可能性も広がります。また相手に伝えるために言語化され、共通の知識として整理されていきます。美馬（2008）が提唱する共同的メタ認知とは、自分たちが所属している社会や文化の中で、知識の価値や必要性について認識し、自分や他者の心的プロセスをモニタしてコントロールする機能であるといえるのです（図18-2）。

　個人の単位で考えていた自己調整を複数人で行うことにより、多くの気づきが生まれ、多様な調整を可能にするということです。しかしそこに至るには、意識の変革が必要です。グループ学習や討論といっても、日本人の場合、意見を述べること、特に他人と異なる意見を述べることは、小学校から高校まででは、あまり訓練されてきませんでした。反対意見を述べることは、その人を批判し、人間性を否定しているように受け取られる、あるいは受け止めてしまうからです。

　共調整学習では、創造的な、創発的な意見交換ができるような土台づくりが必要です。グループで議論する際に、熟練のファシリテーター役がいることが望ましいでしょう。参加者同士の相互作用を通して、自分自身の振り返りの機会が生まれ、それぞれの自己調整が促進されていきます。共調整学習において、複数人でプロセスを共有しますが、最終的に学習するのは各個人であることがポイントです。

## ● 社会的に共有された調整学習

　これまで学校では，個人が課題を解き，個人で成果を上げることが第一の目標として考えられてきました。しかしながら21世紀になる頃には特に社会においては，個人課題を共同で作業することや協働的な課題が出現し，共通の成果や結果が求められるようになりました。

　そのような社会的な変化の中で，個別的な適応と調整能力の媒介する共調整学習という考え方からさらに，社会的に共有された調整学習（socially shared regulation of learning）の見方が出てきました。社会で起きている課題の解決に向け，共同で活動していく機会が増えてきました。参加者たちがその課題について，共通の認識を持ち，解決に向かうプロセスでは，経験したエピソードなどが語られ，共同的モニタリングや共同的コントロールの中で，知識や信念などが共有され，新たなものが共同的に構築されていきます。これを，社会的に共有された調整学習と呼び，注目されてきています。

　本書を通して学んできた内容を，個人の活動にとどめず，共同的な複数人での活動として置き換えてみること，またそこからさらに，学校の外での社会的な活動をこの調整学習という概念で見直してみると，学習に関し，新たな視点も生まれてくることでしょう。

　大学ではもちろん，社会に出てからも，より優れた自己調整学習者になることを目指していきましょう。

## もう一度考えてみよう！

図18-1をよく見て，そこに書かれている用語の意味や矢印の関係など，何がどう関係しているのか，具体例を考えながら，理解し，友人に説明できるようになっているでしょうか。

学習する際に，自分の弱さにはどんな特徴があるか，それを克服するための方法について書き出すことができるでしょうか。

**事例**

 学ぶ側―佐藤さんの場合

　佐藤さんは，本章を読んで，自分がよく学習できない原因として，メタ認知と動機づけに問題があることがわかりました。課題が出たときや，試験のときなど，目の前の課題をすぐに解こうとして，それらがこれから行う全体とどう関係しているかを考えずに始めている傾向があることに気づきました。試験の結果が返ってきたときには，点数だけを気にして，なぜ間違っていたのかを見直すことはしていませんでした。これからは，課題に向き合うときには，自分がやっていることを見つめ，どうすればよいかを判断する，もう一人の客観的な自分を，自分の中につくり出すことをやってみようと思い始めました。

　自分をやる気にさせるという動機づけに，自己効力感と満足の遅延ということがあることを知りました。少しずつの積み重ねで，自分はやればできるという小さな目標を立て，成功の体験を少しずつ積み重ねることや，自分のやりたいことをご褒美として，あとに取っておく必要があると感じています。

 教える側―高橋君の場合

　高橋君は，本章を読んで，自分が今まで後輩や友人に教える場面でやっているのは，自己調整学習者を育てていることだと気づきました。振り返りやメタ認知が重要であることは知っていましたが，動機づけや自己効力感は，個人の感情的な側面なので，指導できないと思っていました。しかし，これらについていろいろな場面で，言葉にして書き出していくことで，自己調整できるのではないかと思い始めました。グループで話し合いをしながら，意識していくことで，自己調整をさらに効率よく調整できるのではないか。共調整も自己調整も，どちらもやってみて，効果をみるつもりです。

　また，チューター仲間と，教える活動についてミーティングしていることが，社会に共有された調整学習になっていることに気づきました。チューティーへの支援のノウハウが仲間たちの中に蓄積されてきているからです。ニルソン（Nilson, 2013）は，自己調整学習者を育てる方法について書いているので，参考にして，効果的に活用したいと思っています。

## 練習

1. 自己調整学習の3つの要素について，次の工夫はどの要素に該当するかを考えてみましょう。

| 工夫の例 | 要素（1つに○） |
|---|---|
| 自分の成績を予想する | 動機づけ，学習方略，メタ認知 |
| 暗記することと理解することの違いを考える | 動機づけ，学習方略，メタ認知 |
| 成績でAがとれたら，新しいゲームを買う | 動機づけ，学習方略，メタ認知 |
| どの科目とどの科目が関係しているかを考える | 動機づけ，学習方略，メタ認知 |

2. 自己調整学習の3つの段階について，次の工夫はどの段階に該当するかを考えてみましょう。

| 工夫の例 | 段階（1つに○） |
|---|---|
| この科目で何を学ぶのかを考える | 予見段階，遂行段階，自己内省段階 |
| 試験の結果をみてすべて解けるようにする | 予見段階，遂行段階，自己内省段階 |
| 試験の予想問題を自分で作ってみる | 予見段階，遂行段階，自己内省段階 |
| 授業の内容を欠席した友人に説明する | 予見段階，遂行段階，自己内省段階 |

3. 数名で構成される各グループに，本章をまとめて，高校生に対して説明するという課題が与えられました。この課題を実行するにあたり，自分たちも共調整学習を行うとするならば，どのような点に注意して行っていけばよいでしょうか，課題を実行する時間軸に沿って，リストアップしてみましょう。

## フィードバック

1. 正解は以下の通りです。

| 工夫の例 | 要素（1つに○） |
| --- | --- |
| 自分の成績を予想する | メタ認知 |
| 暗記することと理解することの違いを考える | 学習方略 |
| 成績でAがとれたら，新しいゲームを買う | 動機づけ |
| どの科目とどの科目が関係しているかを考える | メタ認知 |

**解説** 成績を予想するのは，自分がどれくらいの能力を現時点で持っていて，それがこの科目にどう関係するかがわかるということです。暗記することは，内容を理解せずともできることで，人間の記憶の特性を知り，暗記のための方略を適用することです。理解することは，仕組みや状況，筋道がわかり，納得することで，別の角度からの質問にも答えられ，結果として記憶に残ります。科目間の関係性がわかるということは，俯瞰的な見方ができるということです。そこから，各科目の位置づけや意味もわかってきます。

2. 正解は以下の通りです。

| 工夫の例 | 段階（1つに○） |
| --- | --- |
| この科目で何を学ぶのかを考える | 予見段階 |
| 試験の結果をみてすべて解けるようにする | 自己内省段階 |
| 試験の予想問題を自分で作ってみる | 遂行段階 |
| 授業の内容を欠席した友人に説明する | 遂行段階 |

**解説** 何を学ぶのかを予想することは，学ぶ構えをつくり，授業が始まってからその予想と合っているかなど，考え，理解するきっかけをつくることです。すべて解けるようにすることで，自分の失敗，欠点などを振り返ることになり，今後に活かせるようになります。試験の予想問題を自分で作ってみることは，自分が何を学んでいるか，何を学んできたか，学んでいる過程を意識し，試験のためのポイントを理解することになります。授業の内容を欠席した友人に説明することで，それまで学んできたことに今回の授業の内容を位置づけて，流れをもって理解することになり，うまく説明できない点は理解が不足していることがわかります。

3. グループで問題解決に当たる場合の共調整学習は,以下のように進めます。自分の回答と比較してみましょう。

　**回答例**

　　調整的活動をもたらすような司会役を決める。課題解決に向けて,予見段階,遂行段階,自己内省段階などで,個々の参加者の,動機づけ,学習方略,メタ認知を促すような,小さな課題を設定し,それを言葉にして書いたり,話したりして,共有するような場面をつくる。共有する過程においては,他の参加者の意見に対し,必ず質問やコメントをするようなルールをつくり,相互作用が多く起こる機会をつくり出していく。これは,司会役だけでなく,個々の参加者が共調整の機能や効果を理解し積極的に参加するようにする。

# 第19章 アクションプランをつくる

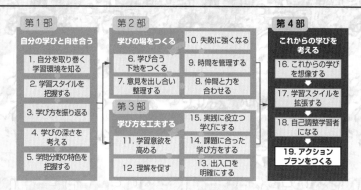

**学習目標**

1. 学習に関する自分の現状と将来像を整理し,その結果を他者に説明することができる。
2. 第18章までの内容を踏まえ,自分の学びに関するアクションプランを設定することができる。

## 最初に考えてみよう!

□みなさんが力を入れて取り組んでいること,学習していることで自分の将来に役立つと考えていることは何でしょうか?
□そしてそれはなぜでしょう?
まず,現在の状況を整理しましょう。そして将来像との関係を整理しましょう。
これらを踏まえながら,本章を読んでください。

## 変化と成長を目指して

　人は生涯学び続ける生きものであり，大人になっても常に成長し続けます。脳は4歳までにその大半は作られるといわれていますが，実際にはその後に様々な活動を続けることによって，いつまでも進化し続けます。逆に言えば，学び続けなければその先の変化は見られないということでしょう。高校生の自分とは違う，大学生の自分だからこそできることがあるはずです。それは，何か新しいことを学んだ成果だといえるでしょう。

　では，とりあえず学べばよいのでしょうか。何も考えずに勉強してきましたか？　それとも，目標を設定して，何かしらの工夫をして取り組みましたか？

　意図や計画のない学びは，どこを狙うかを決めずにボールを打ち返すようなもので，無駄や無理が出てくる活動です。学びは，学ぶ本人がその活動に価値をもって臨まなければ，何も生まれてきません。「何かができるようになりたい」という本人の意思があるからこそ，成長するのです。本章では，自分自身の成長について，これまでの章で得た知識を活用しながら考えましょう。生涯にわたる終わりなき学びの活動にも，目的や目標に応じて，期間を区切って段階的にステップアップしていく仕組みをつくることが大事です。どのように自分が学ぶかを自身で考えて，自分の学びを「デザイン」しましょう。

 ## 学びにも始まりと終わりはある

　期待した学習成果を得るために，まず必要なのは，図19-1で示す，現状とあるべき姿，つまり，事前の状態（はじまり＝入口）と事後の状態（おわり＝出口）を把握することです。自身の現状を客観的に分析して把握し，そして，「どのような自分になりたいか」という理想を考えることが大事です。第13章「出入口を明確にする」では，理想（出口）と現実（入口）とのギャップを確認して何を学ぶ必要があるかを見極めることを学びました。これと同じ手法，つまり，出口を設定してそこまでのギャップを確認することは，これからの人生で何をしたいのか，ということを考えるときにも有効な方法なのです。

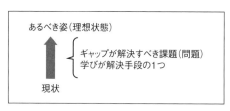

図19-1　現状とあるべき姿

　このように，現状を整理する活動を「ニーズ分析」と呼びます。入口と出口を最初に考える理由は，あるべき姿と自分の置かれている現状の間にある「差（ギャップ）」を明らかにするためです。ギャップがあるということは，学びのニーズがあるということです。これによって学ぶ価値が見えてきます。さらにこの差は何であるのかまで見えてくれば，何を狙うかを判断できます。逆に，あるべき姿が明確でなければ，その学びや努力は意味をなさないこともあるので，丁寧な分析が重要です。

　例えば，システムエンジニアになりたい自分が，人とコミュニケーションができないという現状であれば，そこにギャップ，学びのニーズが発生しているわけです。このギャップを見つけられれば，コミュニケーションをうまく取る工夫ができます。ギャップがあるということは，自分の伸びしろに気づいたということです。残念だと思うのではなく，成長のチャンスがあると喜んでください。ギャップがあるからこそ，学びの必要が生じ，今よりも一歩成長した自分がいるのです。

　今の自分の能力などを客観的に把握しておくことは大事です。ギャップが明らかにならなければ，学ぶニーズは特に存在しません。なぜその学びが必要なのか？　みなさんの学びの大きな方向性，ニーズという考え方を自分の成長に活かしてください。

 ## キャリアをデザインする

　これまで学びをデザインすることについて考えてきました。学習目標を定め，与えられた環境を駆使して目標達成ができるように計画的に取り組むことが，学びのデザインでした。この考え方は，自分のキャリアをデザインすることに

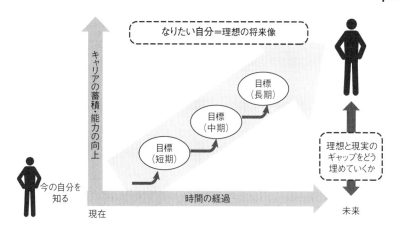

図 19-2　段階的な成長を考える

も応用ができます（図19-2）。

　キャリアという言葉を聞くと，何を思い浮かべますか。自分が将来就く「職業」でしょうか，仕事への価値観でしょうか，それとも，結婚などのライフイベントを含む，長期的なプランでしょうか。キャリアデザインには，自己概念の確立という仕事や家庭，個人の目標や価値などを含む様々な視座が含まれています。

　就職状況はそのときの景気や社会情勢によって変わるため，自分ではどうしようもないと考えるのではなく，「自分自身が主体性を持って自律的に計画して実行していく」（大久保，2016）ことが大切です。そういう姿勢が自分のキャリアをデザインしていくということにつながります。実際には，自分で決められないこともたくさんあります。自分で決められない要素は何かということも含めキャリアをデザインしていくことが大事でしょう。自分を客観的に見つめ（メタ認知），自分の立ち位置を見極め（ニーズ分析），少しずつ成長するための計画を立てましょう。

 ## 不確実性を受け入れて，柔軟な対応をする

　学びにおいても，将来においても，デザインをしたらその通りに実行できるのでしょうか？　いいえ，そんな簡単にはいきません。どんなに頑張っても，

「うまくいかなかった」と感じることがあるように，物事において絶対的な解を得られることは難しいでしょう。その原因は，自分にあるかもしれませんし，環境に理由があるかもしれません。内的・外的要因どちらもありうるでしょう。実行段階では，修正がつきものです。描いたデザインが，今の自分にフィットするように調整していくことで，デザインが生き続けます。

　キャリアは自分で描く（デザインする）ものだといわれると，少し気が重くなる人がいるかもしれません。偶然の成り行きに身を任せるほうが気が楽だ，と感じることもあるでしょう。クランボルツとレヴィン（2005）は，人のキャリアは偶然の出来事によってもたらされるという，プランドハップンスタンス理論（Planned Happenstance Theory）を提唱しました。日本では「計画された偶発性」として，組織や人材管理の分野で知られています。

　クランボルツによると，個人のキャリアの8割は，偶然の出来事によってもたらされています。予測しなかった出来事によって興味が喚起され，また，学ぶ機会が得られ，それが成長につながるからです。したがって，偶然に出会う機会を増やし，それをキャリア形成に取り込めるようにすることができれば，偶然を意図的・計画的にステップアップの機会に変えていけるという考え方です。

　学習も同じです。目標と評価を考え，目標達成に最適な学習方法を考えます（第13章参照）。しかし，計画した学習方法がうまくいかない場合もあります。そのときは，うまくいくように調整すればよいのです。最初から完璧な計画を立てて放置するのではなく，うまくいかないことがあっても対応できるように，準備をしましょう。苦しい中にも，工夫することを楽しめる柔軟さは，心にゆとりを生み，新たな可能性を生み出すでしょう。

## アクションプランを立てよう

　最後に，本書でこれまでに考えてきた「学び」を，これからの自分の学びに具体的にどのように役立てられるか，その計画を具体的に考えてみましょう。

　「行動」に移すための計画書を，**アクションプラン**と呼びます。一般的には数か月や1～2年の期間を設定して，立てた目標を達成するためにどのような活動を行えばよいのかを完結にまとめたものです。ビジネスの事業計画などで用

いるこのやり方は，見えにくい活動や手順を「見える化」するのです。

第4部の課題では，自己実現のためのアクションプランを立てます。将来の自分の目指す方向性や目標を考え，それを実現するために，まずはこれから3か月をどのように有効に活用できるかを考えます。自分がありたい将来の姿を想像し，その姿に必要なスキルや知識の一部をアクションプランをもとに習得していくことがねらいです。

アクションプランの作成は，これまでの学習内容を活用すれば難しくありません。手順は大きく次の5つのステップがあります。

> ステップ1：自分の学びのスタイルや強み・弱みを分析する
> ステップ2：なりたい自分と今の自分を整理する
> ステップ3：なりたい自分に近づくために今の自分が着手したいことを考える（1か月，3か月の目標）
> ステップ4：具体的計画を立てる
> ステップ5：計画を実行する！

ステップ1は，自己分析や学習環境について書かれた第1部と第2部が参考になります。ステップ2は，本章で紹介したニーズ分析が役立ちます。ステップ3と4は，学習目標に沿った活動の展開ですので第3部そのものです。本章の練習問題に回答しながら，アクションプラン作成の下準備をしましょう。

## もう一度考えてみよう！

> 本章の最初に考えた，みなさんが力を入れて取り組んでいること，学習していることで自分の将来に絶対に役立つことをニーズ分析の2つの視点，現在の状況とあるべき姿に分けて考えてください。そこにあるギャップが何であるかをつかんでください。

## 事例

### 学ぶ側——佐藤さんの場合

佐藤さんは、1年前期から始めたボランティアグループでの活動を楽しんでいます。楽しいだけではなく、この活動は自分の将来に役立つと考え、今の自分とこの活動がどのような関係にあるのかを探るためにニーズ分析を使って整理することにしました。

・将来の姿：どのような場面に応じても、冷静な行動がとれる教師になりたい。
・現状：少しビビり屋さんで、新しいことにはすぐにドキドキしてしまう。
・ギャップ：周りの様子に影響を受けて、自分の考えや行動をどのように取るか冷静に判断できない。
・ギャップを埋めるための活動：ボランティア活動で多くの人に会って楽しく会話をしながら、そのときに応じて出てくる問題に適宜対応できるスキルを高め、突然の出来事にも冷静に判断できるようになる。

### 教える側——高橋君の場合

いつものように友人から相談を受けましたが、今回は授業の内容や課題についてではなく、ゼミの選択についてでした。どのゼミがよいのか、どのように選べばよいかわからないという話でした。そこで、将来的にどんな職業に就きたいのか、そして今の関心や自分の得意不得意について書き出してみて、具体的に将来にどんな活動や知識が役立つのか一緒に考えるように誘いました。ギャップ分析が思わぬところで役立ちました。頭で考えるだけではなく、図示しながら書き出すと可視化でき、今まで頭の中でもやもやと考えていたことが整理できてきました。

## 練習

1. 自分の現状を把握しようとしている下記の学習者のつぶやきに対して、選択肢から適する対応方法を選んでください。

   方法の選択肢：①家族や友人などにインタビューする，②自分史を作る，③学習スタイルの調査をする（VAKT診断など），④アルバイトや部活動などでの役割や活動について思い出し書き出す，⑤受講した科目をリストする

   | つぶやき | 方法 |
   | --- | --- |
   | (1) これまで自分が何をやってきたか忘れてしまった | |
   | (2) 自分の学び方にどんな特徴があるかを確認したい | |
   | (3) 自分では気づかない，自分の強み・弱みを確認したい | |
   | (4) 一般的な授業以外のことはどのように検討すればよいのか | |

2. 学習デザインの視点に合致するキャリアデザインの視点を選んでください。

   キャリアデザインの視点の選択肢：①現状理解，②ギャップをなくすための活動を考える，③あるべき姿，④ギャップをなくすための活動に取り組む

   | 学習の視点 | キャリアデザインの視点 |
   | --- | --- |
   | (1) 学習目標 | |
   | (2) プレテスト | |
   | (3) 学習方略（計画）を立てて取り組む | |
   | (4) 学習方略を考える | |

3. 自分の現状を整理してください。

   ①自分の学習タイプについて分析：どのような学習スタイルを好み，逆にどのようなスタイルが苦手であるかなど，第1部（第1～5章）を参考に。

   ②学習環境をどのようにいかそうと考えているのか：仲間と学び合うことや時間の管理の仕方，失敗の対応の仕方など，第2部（第6～10章）を参考に。

4. 自分の学びのアクションプランを，今の自分，これからの自分を想定し，自由に書いてください。その際，取り上げたい内容と併せて，どうしてそのように考えたのかの背景や理由も添えてください。

## フィードバック

1. (1) —②と⑤，(2) —③，(3) —①，(4) —④

   **解説** (1) これまでの自分について思い出す方法は，具体的に何があったかを書き出し，見える化することが有効です。(2) 自分の特徴について確認するには，(1) と同じように，可視化する方法もありますが，客観的に分析できる枠組みを利用するとよいでしょう。(3) 自分については，一番自分が知っていると思いますが，自分では気づかないことがあります。(4) 学習というと大学での授業やゼミなどの正課を思い出すかもしれませんが，人はいたるところで学んでいます。まずはクラブ活動などの正課外活動を思い出し，そのほかアルバイトなど自分が取り組んでいる活動を1つずつ確認しましょう。

2. (1) —③，(2) —①，(3) —④，(4) —②

   **解説** 学習目標と評価，そして方法という3つの学習設計の要素をキャリアデザインにも当てはめて考えてみましょう。

3. ここでの問いは自己分析をすることでした。もう一度自分で読み直してください。他の人が読んでも，自分という人間がどのような人であるか伝わるようにわかりやすく書いてあるかを確認してください。

4. 作成したアクションプランを，もう一度自分で読み直してください。他の人が読んでも，自分という人間がどのような人であるか伝わるようにわかりやすく書いてあるかを確認してください。

# 文献

## ●第 1 部
### 第 1 章
森　靖雄（1995）.『新版 大学生の学習テクニック』　大月書店
佐藤　望他（2006）.『アカデミックスキルズ：大学生のための知的技法入門』　慶応大学出版会
専修大学出版企画委員会（編）（2009）.『知のツールボックス：新入生援助（フレッシュマンおたすけ）集』専修大学出版局
タンブリン，L.・ウォード，P.（著），植野真臣（監訳）（2009）.『大学生のための学習マニュアル：The Smart Study Guide』培風館
吉原恵子他（2011）.『スタディスキルズ・トレーニング』　実教出版

### 第 2 章
岸見一郎・古賀史健（2013）.『嫌われる勇気』ダイヤモンド社
向後千春（2015）.『アドラー"実践"講義 幸せに生きる』技術評論社
向後千春（2016）.『18 歳からの「大人の学び」基礎講座：学ぶ，書く，リサーチする，生きる』北大路書房
タンブリン，L.・ウォード，P.　植野真臣（監訳）（2009）.『大学生のための学習マニュアル：The Smart Study Guide』培風館

### 第 3 章
Bruer, J. T. (1993). *Schools for thought: A science of learning in the classroom.* MIT Press.（松田文子他（訳）（1997）.『授業が変わる：認知心理学と教育実践が手を結ぶとき』　北大路書房）
松尾　睦（2006）.『経験からの学習：プロフェッショナルへの成長プロセス』　同文舘出版
Nilson, L. (2013). *Creating self-regulated learners.* Stylus Pub Llc.（美馬のゆり・伊藤崇達（監訳）（2017）.『学生を自己調整学習者に育てる：アクティブラーニングのその先へ』　北大路書房）
植坂友理・瀬尾美紀子・市川伸一（2006）「認知主義的・非認知主義的学習観尺度の作成」日本心理学会第 70 回大会発表論文集, p.890.

### 第 4 章
Evans, N.J. et al (2010). *Student development in college* (2nd Ed.). Jossey-Bass.
今井むつみ（2016）『学びとは何か：＜探求人＞になるために』岩波書店（岩波新書）
Seller, D., Dochen, C. W., & Hodges, R. (2014). *Academic transformation: The road to college success* (3rd Ed.). Peason.

Z会編集部（訳・編）（2016）『TOK（知の理論）を解読する：教科を超えた知識の探究』Z会

## 第5章
Donald, J. (2002). *Learning to think: Disciplinary perspectives*. San Francisco: Jossey-Bass.
Seller, D., Dochen, C. W., & Hodges, R. (2014). *Academic transformation: The road to college success* (3rd Ed.). Peason.
奈須正裕・江間史明（編著）（2015）．『教科の本質から迫るコンピテンシー・ベイスの授業づくり』図書文化
安井俊夫（1986）．『発言を引き出す社会科の授業：中学校』日本書籍

## ●第2部
## 第6章
平木典子（1993）．『アサーショントレーニング：さわやかな「自己表現」のために』日本・精神技術研究所
平木典子（2009）．『改訂版アサーション・トレーニング』日本・精神技術研究所
松尾　睦（2006）．『経験からの学習：プロフェッショナルへの成長プロセス』同文舘出版
鈴木克明（2009）．「学習経験の質を左右する要因についてのモデル」教育システム情報学会研究報告，**24**(4)，74-77.

## 第7章
バークレイ，E.F. 他（著），安永　悟（監訳）（2009）．『協同学習の技法：大学教育の手引き』ナカニシヤ出版
樺島忠夫・佐竹秀雄（1978）．『新文章工学』三省堂
川喜田二郎（1967）．『発想法：創造性開発のために』 中央公論社（中公新書）
川喜田二郎（1970）．『続・発想法：KJ法の展開と応用』 中央公論社（中公新書）
Osborn, A. F. (1963). *Applied imagination: Principles and procedures of creative problem-solving* (3rd Revised Ed.), Charles Scribner's Sons.

## 第8章
ジョンソン，D.W. 他（2010）．『学習の輪：学び合いの協同教育入門（改訂新版）』二瓶社
バークレイ，E.F. 他（著），安永　悟（監訳）（2009）．『協同学習の技法：大学教育の手引き』ナカニシヤ出版
加藤　浩・望月俊男（編著）日本教育工学会（監修）（2016）．『協調学習とCSCL』 ミネルヴァ書房（教育工学選書）
ソーヤー，R. K.（編）（2009）．『学習科学ハンドブック』培風館
タンブリン，L.・ウォード，P.　植野真臣（監訳）（2009）．『大学生のための学習マニュアル：The Smart Study Guide』培風館

## 第9章

Carroll, J. B. (1963). A model of school learning. *Teachers College Record*, **64**, 723-733.
Lipsky, S. (2011). *A training guide for college tutors and peer educators*. Pearson Education.
溝上慎一（2009）．「大学生活の過ごし方から見た学生の学びと成長の検討」 京都大学高等教育研究, 15, 107-118.
鈴木克明（1995）．『放送利用からの授業デザイナー入門：若い先生へのメッセージ』日本放送教育協会

## 第10章

海保博之（2004）．『学習力トレーニング』 岩波書店（ジュニア新書）
佐藤智恵（2014）．『世界のエリートの「失敗力」』 PHP（ビジネス新書）
Seller, D., Dochen, C. W., & Hodges, R. (2014). *Academic transformation: The road to college success* (3rd Ed.). Peason.
瀬尾美紀子（2007）．自律的・依存的援助要請における学習観とつまずき明確化方略の役割：多母集団同時分析による中学・高校生の発達差の検討 教育心理学研究, **55**(2), 170-183.
田中ウルヴェ都（2008）．『「1日30秒」でできる新しい自分の作り方』 フォレスト出版

## ●第3部

### 第11章

ケラー, J. M.（著）・鈴木克明（監訳）（2010）．『学習意欲をデザインする』北大路書房
鈴木克明（1995）．『放送利用からの授業デザイナー入門：若い先生へのメッセージ』日本放送教育協会
鈴木克明（2002）．『教材設計マニュアル』北大路書房

### 第12章

Atkinson, R. C., & Shiffrin, R. M. (1971). The control of short term memory. *Scientific American*, **225**, 82-90.
鈴木克明（2002）．『教材設計マニュアル』北大路書房

### 第13章

ディック・ケアリー・ケアリー（著），角 行之（訳）（2004）．『はじめてのインストラクショナルデザイン』ピアソン・エデュケーション
稲垣 忠・鈴木克明（編著）（2011）．『授業設計マニュアル』北大路書房

### 第14章

鈴木克明（1995）．『放送利用からの授業デザイナー入門：若い先生へのメッセージ』日本放送教育協会
鈴木克明（2002）．『教材設計マニュアル』北大路書房

## 第15章

Brown, J. S., Collins, A., & Duguid, P. (1989). Situated cognition and the culture of learning. *Educational Researcher*, **18**(1); 32-42.

Merrill, M. D. (2002). First principles of instructions. *Educational Technology Research and Development*, **50**(3), 43-59.

レイヴ，J.・ウェンガー，E.（著），佐伯　胖（訳）(1993).『状況に埋め込まれた学習』産業図書

鈴木克明（2007）.「学習心理学の3大潮流（3）構成主義：正統的周辺参加と足場づくり（基盤的教育論第9回）」，熊本大学社会文化科学研究科教授システム学専攻公開科目．http://www.gsis.kumamoto-u.ac.jp/opencourses/pf/09/index.html

鈴木克明・根本淳子（2011）.「教育設計についての三つの第一原理の誕生をめぐって［解説］」教育システム情報学会誌，**28**(2)：168-176

Whitehead, A. N. (1929). *The aims of education*. Macmillan.

## ●第4部
## 第16章

ATC12s www.atc21s.org

美馬のゆり（2016）.「エンジニアリング手法を育む大学の学習環境の可能性」 日本教育工学会第32回全国大会発表論文集，745-746.

美馬のゆり（2017）.「プロジェクト学習による三方よしの社会的価値の共創」 サービソロジー，14, **4**(2), 10-15.

美馬のゆり・山内祐平（2005）.『「未来の学び」をデザインする：空間・活動・共同体』東京大学出版会

内閣府（2015）.『高齢社会白書（平成27年度版）』 http://www8.cao.go.jp/kourei/whitepaper/w-2015/gaiyou/27pdf_indexg.html

田中義隆（2015）.『21世紀型スキルと諸外国の教育実践：求められる新しい能力育成』明石書店

The D. school bootcamp bootlog  https://dschool.stanford.edu/resources/the-bootcamp-bootleg

冨永敦子・美馬のゆり（2017）.「プロジェクト学習における21世紀型スキルの育成」日本教育工学会第33回全国大会発表論文集，643-644.

## 第17章

青木久美子(2005).「学習スタイルの概念と理論：欧米の研究から学ぶ（研究展望）」メディア教育研究，2(1), 197-212  http://www.code.ouj.ac.jp/media/pdf2-1-3/No.3-18kenkyutenbou01.pdf

Evans, N.J. et al (2010). *Student development in college* (2nd Ed.). Jossey-Bass.

松尾　睦（2006）.『経験からの学習：プロフェッショナルへの成長プロセス』同文舘出版

中原　淳（編著）(2006).『企業内人材育成入門：人を育てる 心理・教育学の基本理論を学ぶ』ダイヤモンド社

## 第 18 章
Bandura, A. (1977). Self-efficacy: toward a unifying theory of behavioral change. *Psychological Review*, **84**(2), 191-215.

Bandura, A. (1986). *Social foundations of thought and action: A social cognitive theory*. Englewood Cliffs, NJ: Prentice-Hall.

Bembenutty, H., White, M. C., & Vélez, M. (2015). *Developing self-regulation of learning and teaching skills among teacher candidates*. Springer.

美馬のゆり（2008）.「学習環境の構築と運用」佐伯　胖（監修）『学びとコンピュータハンドブック』　東京電機大学出版局

Nilson, L. (2013). *Creating self-regulated learners*. Stylus Pub Llc.（美馬のゆり・伊藤崇達（監訳）(2017).『学生を自己調整学習者に育てる：アクティブラーニングのその先へ』　北大路書房）

Zimmerman, B. J., & Moylan, A. R. (2009). Self-regulation: Where metacognition and motivation intersect. In D. J. Hacker, J. Dunlosky & A. C. Graesser (Eds.), *Handbook of metacognition in education*. New York: Routledge. pp.300-305.

Zimmerman, B. J. et al. (2011). *Handbook of self-regulation of learning and performance*. Routledge.（塚野州一・伊藤崇達（監訳）（2014）.『自己調整学習ハンドブック』　北大路書房）

## 第 19 章
クランボルツ，J.D.・レヴィン，A.S.（著），花田光世・大木紀子・宮地夕紀子（訳）(2005).『その幸運は偶然ではないんです！』ダイヤモンド社

大久保幸夫（2016）.『キャリアデザイン入門［I］基礎力編（第2版）』日本経済新聞出版社（日経文庫）

# 索引

## あ行

ID 第一原理　159, 164
アクションプラン　210
アサーティブな表現　62
アドラー, A.　13
ある領域の学びから多くの収穫を得るための8つの問い　51

ウェンガー, E.　162
運動技能　150

ARCS モデル　117
STEM 教育　175
援助要請　106

応用　161

## か行

科学的知識の暫定性　48
書くこと　28
学習意欲　117
学習経験の要因モデル　64
学習者個人に係る要因　64
学習状況に係る要因　65
学習スタイル　15, 184
学習成果の5分類　148, 150, 153, 154
学習方略　196
学習目標　138
学生　3
仮説検証　47

学校学習の時間モデル　95, 97
活性化　160
ガニェ, R. M.　127, 148
可謬主義　48
川喜田二郎　73
感情の自己調整　198
関連性　118, 121

聞くこと　27
キャリアをデザイン　208
キャロル, J. B.　95
9 教授事象　127, 131
9 教授事象の詳細　129
共調整学習　199
協同学習　82
協同学習の技法　70
協同学習をうまく行うための原則　88
協同学習の特徴　84

グランドルール　86
グループの成長の段階　85

経験学習モデル　183
KJ 法　73
KJ 法の手順　74
KJ 法の具体例　75
傾聴　60
ケラー, J. M.　117
言語情報　150

コーピングスキル　109
個人的知識　35
コペルニクス的転回　34
コミットメント段階　39
コルブ，D. A.　183
コルブの学習スタイル4タイプ　186
コルブの経験学習の4段階　184

## さ行

時間をうまく配分するためのヒント　94
自己調整学習　193
自己調整学習の3つの段階　194, 197
自己調整学習の3つの要素　194, 195
事後テスト　140
自己表現チェックリスト　61
自己内省段階　198
自信　119, 122
事前テスト　141
失敗に対処する4段階　104
失敗に強くなる　104
失敗のスパイラル　105
信ぴょう性　36

遂行段階　197

生徒　3
正統的周辺参加　162, 165
絶対主義段階　38
セルフトーク　110
前提条件　139
前提テスト　140

相対主義段階　39

## た行

大学　3, 4
態度　150
タイムマネジメント度チェックリスト　93
タイムリミット感覚　98
多様性　59

知的技能　151
注意　118, 121

DESC法　63
デザイン思考　174
手続的知識　35

動機づけ　195
統合　161

## な行

ニーズ分析　208
21世紀型スキル　174
二重貯蔵モデル　128
日本の近未来　171
認知主義的学習観　23
認知的徒弟制　163, 165
認知的発達段階説　38, 40
認知的方略　150

## は行

発散から収束へ　85
発達の3段階説　187

評価主義段階　39

VAKTモデル　15

ブラウン，J. S.　163
プランドハップンスタンス理論　210
ブレインストーミング　71
ブレインストーミングの基本原則　71
ブレインストーミングの具体例　73
ブレインストーミングの手順　72
プロジェクト学習　177

ペリー，W. J.　38

## ま行

学びの環境　5
学びの構造図　141, 142, 143
学びの出入口　138
満足感　120, 122

3つのテスト　140, 143
見ること　26

命題的知識　35
メタ認知　24, 196

メリル，M. D.　159
メンタルヘルス　108

モノづくり　176
問題　160

## や行

8つの意思決定スキル　49

予見段階　197
読むこと　25

## ら行

ライフスタイル　13

レイヴ，J.　162
例示　160

## わ行

ワーキングメモリ　128
ワークリミット感覚　98

# 編者あとがき

　本書『学習設計マニュアル：「おとな」になるためのインストラクショナルデザイン』は，これまで刊行してきた教材・授業・研修の設計マニュアルシリーズ第4弾として企画されたものである。本シリーズはこれまで，教える側・提供者側での活用を念頭に，IDの基礎を紹介してきた。それらに対し本書は，IDの基礎を学ぶ側・受講者側の視点で活用することを目的とし，これまでのものとは趣を異にしている。IDのノウハウは，教える側にのみ有用なものではない。学ぶ側も，自らの学習を効果的・効率的・魅力的にするために身につけておくべきものだ。

　近年，自己調整学習が叫ばれ，また主体的で能動的な学習を可能にするICT環境が整う中，自らの学びを設計するノウハウが学習者に広く普及することを期待し着手した。われわれが理想とするのは，自らの学びを設計し，「学」んで「問う」ことのできる「おとな」である。「おとな」とは一般に，他者に対し，社会に対し，責任を持つ者のことである。そこで本書では，自らの学びに責任を持つようになってほしいという思いを込めて，副題を「おとな」になるためのインストラクショナルデザインとした。

　教える側の舞台裏を開陳するこの試みは，何も工夫しない売り手をより厳しい目で見定める「目の肥えた買い手」を育てることともいえる。それは，「注文の多い客」を生み出すことにもなる，ある意味危険な行為である。しかしそれはわれわれが望むところだ。IDに裏打ちされた審美眼を持つ「注文の多い客」が育つことは，より高品質な教育研修を提供者側に要求することになる。やがて自分自身でもできると自信を持つようになる本書の読者たちは，品質の悪い商品には手を出さず，自らの学びを自分自身で設計していくようになるだろう。そういう売り手と買い手の切磋琢磨に一役買うことができたら，ひいてはそれが社会の水準の向上に寄与できたら，IDもたいしたものだと思う。

　本書は，大学生の段階的成長モデルを確立し，その育成支援システムを開発することを目的とした科研費基盤研究（B）15H02932「大学生の3段階成長モデルの確立とその育成支援システムの開発」（研究代表者：美馬のゆり）の研

究チームを中心とした教育工学研究者で分担執筆したものである．各章の執筆担当者は代表者名のみを掲げているが，原稿の段階で他のメンバーからの意見を大幅に取り入れた章も多い．また，チームの中の先駆的な試みであった市川尚による岩手県立大学ソフトウェア情報学部における必修導入科目「スタディスキルズ」の講義資料がある章では，それらを活用し，大幅に改訂・加筆した．原稿段階では，メンバーの実践の中で先行的に活用し，その結果を反映させたところもある．また，国内外の資料を取り入れ，活用することで，これまでの研究の蓄積を踏まえ，できる限り平易で有用な教材となることを目指した．出典を明示することに細心の注意を払ったが，先人たちのお叱りを受ける部分があるとすれば，それはひとえに編者の責任である．ご指摘いただければ幸いである．

　この研究プロジェクトでは，大学におけるチュータリングを介した学生の成長を，チュータリングを受ける段階，チュータリングをする段階，自分にチュータリングをする段階の3段階でモデル化した．先輩に教えてもらう経験，後輩を教える経験，そしてそれらの経験を踏まえて，自分の学びに活かすことができる学生を育てることが，ユニバーサル時代の大学に求められる重要な使命であると考えている．かつて，このような組織的な対応が不要な学生のみが大学に入学してきた時代もあった．入学する学生のレディネスは急速に変化してきている．一方で大学の社会的使命は変わらず，自律した学び手，すなわち，生徒ではなく学生，換言すれば「おとな」を社会に輩出することにある．そうだとすれば，IDを大学生に教えることで，生徒として入学してくる大学生を，学生として卒業させる変態（Transformation）を担う役割を大学が自覚することは不可避であり，中核とさえなりうる．

　この社会的ニーズは，入学試験における偏差値の高低にかかわらず，高校時代までに受験術以外の学び方や学ぶことの意味を学んでこなかった，すべての大学生・大学院生に共通して存在する．また，大学時代にも学び方を学ばずに社会人となった元学生諸氏にも等しく有用なものであろう．本書は，その執筆の経緯から大学でのテキストとしての利用を想定しているが，より幅広い読者に読んでもらいたい．「今からでも遅くない」と一念発起し，自分の学びを見直す契機となることを願っている．

本書のみならず設計マニュアルシリーズ全般を通じて，北大路書房の奥野浩之さんには編集の労をとっていただいた。目標とした完成時期が1年後ろにずれたものの，無事発刊できたことは，ひとえに奥野さんの変わらぬ励ましによるものである。また原稿段階では，岩手県立大学の学生 150 人をはじめとして，関係各位による形成的評価を受け，大幅な改善をした。大学のテキストを想定しているのに全 19 章構成になったのも，評価結果を受けてのことである。その貢献を特に記して感謝したい。

　　　　　　　　　　　　　　　　2018 年 2 月吉日
　　　　　　　　　　　　　　　　　編者を代表して　鈴木　克明

## ● 編著者紹介 ●

### 鈴木克明 (すずき かつあき)

国際基督教大学教養学部（教育学科），同大学院を経て，
米国フロリダ州立大学大学院教育学研究科博士課程を修了，Ph.D（教授システム学）．
東北学院大学教養学部助教授，岩手県立大学ソフトウェア情報学部教授などを経て，
現在：熊本大学教授システム学研究センター長・教授
　　　同大学院教授システム学専攻長・教授
専門：教育工学・教育メディア学・情報教育
主著：『教材設計マニュアル』　北大路書房
『授業設計マニュアル Ver. 2』（共編著）　北大路書房
『研修設計マニュアル』北大路書房
『インストラクショナルデザインの道具箱101』（監修）　北大路書房
『インストラクショナルデザインの原理』（監訳）　北大路書房
『学習意欲をデザインする』（監訳）　北大路書房

### 美馬のゆり (みま のゆり)

電気通信大学電気通信学部（計算機科学科），米国ハーバード大学大学院教育学研究科修士課程，
東京大学大学院教育学研究科修士課程を経て，
電気通信大学大学院情報システム学研究科博士課程を修了，博士（学術）．
埼玉大学教養学部助教授，日本科学未来館副館長などを経て，
現在：公立はこだて未来大学システム情報科学部　教授
専門：教育工学・認知科学・情報教育
主著：『不思議缶ネットワークの子どもたち』　ジャストシステム
『「未来の学び」をデザインする』（共著）　東京大学出版会
『理系女子的生き方のススメ』　岩波書店
『インフォーマル学習』（共著）　ミネルヴァ書房
『学生を自己調整学習者に育てる』（共監訳）　北大路書房
『未来を創る「プロジェクト学習」のデザイン』（共編著）　公立はこだて未来大学出版会

## ● 執筆者一覧 (執筆順) ●

| | | | |
|---|---|---|---|
| 鈴木　克明 | 編著者 | | はじめに，第2章，第4章，第5章，第17章 |
| 美馬のゆり | 編著者 | | 第1章，第3章，第16章，第18章 |
| 竹岡　篤永 | 明石工業高等専門学校 | | 第6章，第9章 |
| 室田　真男 | 東京工業大学リベラルアーツ研究教育院 | | 第7章，第10章 |
| 渡辺　雄貴 | 東京理科大学 | | 第8章，第10章 |
| 市川　尚 | 岩手県立大学 | | 第11章，第13章，第15章 |
| 冨永　敦子 | 公立はこだて未来大学 | | 第12章 |
| 高橋　暁子 | 徳島大学高等教育研究センター | | 第14章 |
| 根本　淳子 | 明治学院大学 | | 第19章 |

# 学習設計マニュアル
―「おとな」になるためのインストラクショナルデザイン―

2018年3月20日　初版第1刷発行　　定価はカバーに表示
2020年8月20日　初版第6刷発行　　してあります。

　　　　編著者　鈴　木　克　明
　　　　　　　　美　馬　の　ゆ　り
　　　　発行所　㈱北大路書房

〒603-8303　京都市北区紫野十二坊町12-8
電　話　(075) 431-0361 ㈹
Ｆ Ａ Ｘ　(075) 431-9393
振　替　01050-4-2083

©2018　　　　　　制作／T.M.H.　　　印刷・製本／創栄図書印刷㈱
検印省略　落丁・乱丁本はお取り替えいたします。
　　　　　　　　　　ISBN 978-4-7628-3013-6　　Printed in Japan

- JCOPY 〈㈳出版者著作権管理機構 委託出版物〉
  本書の無断複写は著作権法上での例外を除き禁じられています。
  複写される場合は，そのつど事前に，㈳出版者著作権管理機構
  （電話 03-5244-5088,ＦＡＸ 03-5244-5089,e-mail: info@jcopy.or.jp）
  の許諾を得てください。

## 研修設計マニュアル
人材育成のためのインストラクショナルデザイン

鈴木克明 著

A5判 304頁 本体2700円＋税
ISBN978-4-7628-2894-2

効果的で効率的で魅力的な研修とは？「教えない」研修とは？ 研修を目標達成のための最終手段と位置づけ，学んだことがわからないままに終わってしまう事態からの脱皮を図る。何をどう教える（学ぶ）かだけでなく，なぜ教える（学ぶ）必要があるのかを徹底的に問い，業務直結型で組織に貢献できる研修設計をめざす。

## 授業設計マニュアル Ver.2
教師のためのインストラクショナルデザイン

稲垣 忠，鈴木克明 編著

A5判 212頁 本体2200円＋税
ISBN978-4-7628-2883-6

目標の設定，教材分析，指導案の書き方から評価の仕方まで，一連のプロセスを「授業パッケージ」とし，「よい授業」をするための必須を解説。巻末の2種類のワークシートで実践的に授業の質を高められるように編集。21世紀型スキル，自ら学ぶ意欲，協同学習，反転授業など，近年の動向にも対応させた改訂新版。

## 教材設計マニュアル
独学を支援するために

鈴木克明 著

A5判 208頁 本体2200円＋税
ISBN978-4-7628-2244-5

学校や大学・企業などで教えることに携わっている人，これから携わろうとしている人に向けての教材作成入門。IDの入門書でもある。教材のイメージ作りから改善までを一歩ずつ進めることができるように（各章はそれぞれ，学習目標・背景・キーワード・事例・まとめ・練習問題・フィードバックの7つで）構成。

## インストラクショナルデザインの道具箱101

鈴木克明 監修
市川 尚，根本淳子 編著

A5判 264頁 本体2200円＋税
ISBN978-4-7628-2926-0

企業研修や教育の効果・効率・魅力をどう高めるのか？ KKD（経験と勘と度胸）やMD（自己流）から進化・脱却し，ID（学習科学に基づいた教える技術）の道へと誘うアイデア集。「学びたさ」「学びやすさ」「わかりやすさ」「ムダのなさ」などを改善する101の道具を厳選。その解説と実践事例を見開き2頁で提供。

## 学習意欲をデザインする
ARCS モデルによるインストラクショナルデザイン

J.M. ケラー 著
鈴木克明 監訳

A5 判 372 頁 本体 3800 円＋税
ISBN978-4-7628-2721-1

学習者の意欲を刺激し維持する学習プロセスをどう設計すればよいか。本書は，ID における 3 つの目的（効果・効率・魅力を高める）のうち，「魅力」に焦点を当てる。動機づけ概念や理論をふまえ，注意・関連性・自信・満足感という 4 側面から，システム的なプロセスとツール（解決策）を提供。

## インストラクショナルデザインの原理

R.M. ガニェ，W.W. ウェイジャー，
K.C. ゴラス，J.M. ケラー 著
鈴木克明，岩崎 信 監訳

A5 判 464 頁 本体 3800 円＋税
ISBN978-4-7628-2573-6

e ラーニングの普及によりインストラクショナルデザイン（ID）が注目を浴びるようになった。ID は，分析→設計→開発→実施→評価（改善）という基本プロセスで新しい学習コンテンツや教材などを作成していく際の有力な方法論。誰がやっても一定の質が保証できるように「教えること」を科学的にデザインする。

## インストラクショナルデザインとテクノロジ
教える技術の動向と課題

R.A. リーサー，
J.V. デンプシー 編
鈴木克明，合田美子 監訳

A5 判 704 頁 本体 4800 円＋税
ISBN978-4-7628-2818-8

米国教育工学コミュニケーション学会（AECT）の設計・開発部会で 2012 年度年間優秀書籍賞を受賞したテキストの邦訳。IDT（インストラクショナルデザインとテクノロジ）領域の定義と歴史，基盤となる理論やモデル，扱う研究範囲と実践領域，そして新しい方向性と課題等，豪華な顔ぶれの執筆陣が広い話題をカバー。

## インストラクショナルデザインの理論とモデル
共通知識基盤の構築に向けて

C.M. ライゲルース，
A.A. カー＝シェルマン 編
鈴木克明，林 雄介 監訳

A5 判 464 頁 本体 3900 円＋税
ISBN978-4-7628-2914-7

インストラクションについての 5 つの主要なアプローチ（直接教授法／ディスカッション／経験／問題／シミュレーション）を紹介し，その知識の統合を図る。さらには，主要な学習成果（スキル発達／理解／情意的発達／統合的学習）についても知識の統合を図り，共通知識基盤を構築するための第一歩を，そのツールと共に示す。

## 情報時代の学校をデザインする
### 学習者中心の教育に変える 6 つのアイデア

C.M. ライゲルース, J.R. カノップ 著
稲垣　忠, 中嶌康二, 野田啓子, 細井洋実,
林　向達　共訳

A5 判　192 頁　本体 2200 円＋税
ISBN978-4-7628-3007-5

工業化から情報化への移行に合わせた教育の変化の必要性は，くり返し叫ばれてきた課題である。本書では，インストラクショナルデザインの第一人者である著者が，教育現場での取り組みの中からパラダイム転換を起こす原則や方法を紡ぎ出し，変化に対する混乱や葛藤を乗り越える術を提案。ピーター・センゲらの諸理論も付録に収録。

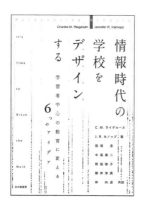

〈主要目次〉
1　本質的な変化のために
2　情報時代の教育ビジョン
3　新しいパラダイムの具体例
4　どうやって変えていくのか？
5　政府にできることは何か
付録：パラダイム転換へのツール集

## 18 歳からの「大人の学び」基礎講座
### 学ぶ，書く，リサーチする，生きる

向後千春　著

A5 判　148 頁　本体 1400 円＋税
ISBN978-4-7628-2954-3

学び方や教え方を学ぶ「インストラクショナルデザイン」，自己表現や主張のための「ライティング」，データを読んで駆使して考えるための「統計学」，働く・協力する等の生きる意味を問う「アドラー心理学」。これら 4 つの領域のスキルを活用し，大学や社会で自ら学んでいくための基礎的な資質・能力を身につけるテキスト。

豊富な実践経験と理論に裏付けされた，
しっかり学びしっかり生きるための
しっかりとしたガイド
熊本大学教授　鈴木克明氏　推薦！

# 学生を自己調整学習者に育てる
## アクティブラーニングのその先へ

L.B. ニルソン　著
美馬のゆり，伊藤崇達　監訳

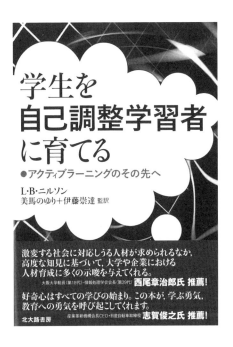

深くて持続的な学びには，自己の信念・価値・結論・思考過程を内省的・探究的に観察する「自己調整」が必要となる。クリティカル・シンキングも，スキルの習得についても同様である。メタ学習スキルの高い人材をいかに育成するか。
大学教員，高校教師，企業教育担当者たちを，アクティブラーニングを超えたその先に案内する。

A5判　224頁　本体2400円+税
ISBN978-4-7628-2978-9

〈主要目次〉
第1章　自己調整学習とは何か，学習をどう促すか / 第2章　コースの開始時点から自己調整学習を促す / 第3章　読む，見る，聞くことの自己調整 / 第4章　実際の講義における自己調整学習 / 第5章　メタ課題による自己調整学習 / 第6章　試験と小テストによる自己調整学習 / 第7章　タイミングの異なる自己調整学習の活動 / 第8章　自己調整的な行動を促す / 第9章　自己調整学習を取り入れたコースの終わり方 / 第10章　成績評価を行うべきか？あるいは別の方法は？ / 第11章　自己調整学習をコースデザインに統合するように計画すること / 第12章　統合されたコースのモデルと学生にもたらす効果